김인수의 삶과 신앙

인쇄	2014. 2. 10
발행	2014. 2. 15
글쓴 이	김온양
교열	인지희, 최정미
펴낸 이	양기범
펴낸 곳	Serving the People 서울특별시 서초구 반포대로14길 71, 1020 Tel. 02_525_4419 Fax. 02_584_4419
디자인	Design BOM_이춘우 서울특별시 강남구 역삼로4길 16, 1218 Tel. 02_6338_5538
ISBN	978-89-969151-2-6
정가	12,000원

김인수 교수 홈페이지

WWW.LINSUKIM.COM
인수장학회는 故김인수 장로의 신앙적 인생과 학문적 업적을 기리며 말씀을 따라 사는 삶과 탁월한 학문적 성취를 격려하기 위해 지인들과 후학들이 자원하여 운영하고 있습니다.

후원계좌

국민은행 468401-04-070664 인수장학회(장평훈)
본 도서의 모든 수익금은 인수장학회의 장학기금으로 사용됩니다.

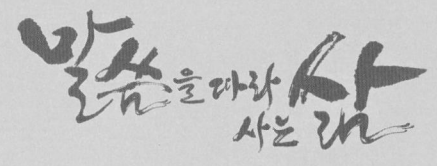

말씀을 따라 사는 삶

김인수의 삶과 신앙

글쓴이_ 김온양

Serving the People

홍 정 길

남서울은혜교회 원로목사

김인수 형을 생각하면 가슴이 아려옵니다. 지금도 아립니다.

오늘까지 함께 있었다면 얼마나 풍성한 대화들로 주님을 향한 사랑의 페이지를 엮어냈을지요? 장로님은 언제나 올바른 판단의 정리로 교회사역과 선교사역을 비롯한 각종 헌신의 일에 우리가 온전한 걸음을 걸을 수 있도록 도움을 주셨습니다. 세월이 흘러가니 더욱 아쉬운 마음이 깊어집니다.

김인수 장로님은 '이 시대에 하나님의 자녀들이 살아가야 할 모습의 표본'을 우리에게 보여주셨습니다.

한 사람의 생애가 주는 진정한 영향력은 그 사람의 생애를 마친 후에 확실히 드러난다고 했습니다. 이 나라의 독립을 위해서 자신의 생애를 헌신하셨던 수많은 선진들을 떠올려봅니다. 도산 안창호 선생님의 경우, 많은 사람들이 이제는 역사 속에서 사라져가는 가운데서도 후학들이 끊이지 않고 모여 그 분의 가르침을 통해 '한 사람이 올바르게 살아가야 할 모습'을 배우고 있습니다. 그리고 그 분을 중심으로 계속 모이는 이러한 현상은 해방 후, 일가 김용기 장로님의 삶을 통하여 다시 재현되고 있습니다. 평생 농사꾼으로 농민복에 고무신을 신고 이른 새벽에 일어나서 젊은이들보다 앞장서서 구령을 부르시며 함께 뛰어주시던 김용기 장로님, 그 분과 함께 달렸던 제자들이 그 가르침이 너무나 소중하여 한 달에 한 번씩 밀알아트센터 일가홀에 모여 그 분의 정신을 계속하여 기리고 있습니다.

이 분들의 정신은 흘러가는 역사 속에 사라져버리는 것이 아니라, 생전의 삶이 역사가 되어 오늘날 우리들의 가슴속에 각인되었고, 영혼의 자양분이 되어 오늘도 계속 살아 움직이는 현장이 되고 있습니다.

이 특별한 두 분의 삶과 닮은 김인수 장로님이 돌아가신 이후에도 후배들의 숫자가 줄어들지 않고, 그 분을 추억하며 그 정신을 기리는 모임의 지경이 넓혀지는 것을 볼 때, 우리가 이 땅을 살았던 삶이 아침이슬처럼 사라지는 삶이 아닌, 좋은 영향력이 되어 사람들의 가슴속에 더 큰 울림으로 공명하고 있는 것을 보게 됩니다.

이 책이 우리에게 주님을 사랑하는 한 분의 생애를 추억으로 끝내지 않고, 바른 그리스도인의 삶을 사는 사람들에게 길잡이가 될 것을 확신합니다.

주여! 이 땅에 믿음의 사람들을 일으켜 세워 주시옵소서!

이 동 원

지구촌교회 원로목사

체신고등학교와 국제대학 야간부
그리고 인디애나 대학교, MIT 연구원
뜻 모를 난해한 글자의 나열 같은 김인수 님의 커리어는
한 사람이 살아간 전설 같은 생의 흔적입니다.

경영학자, 윤리실천가, 시민운동가, 평신도 설교가
가정 사역자, 정부 규제 개혁자, 기업 컨설턴트 등
말도 안 되는 멀티 플레이어 인생을 살아간 그는
엄격하고 따뜻한 패러독스의 주인공이십니다.

이 글을 읽었다면 주인공은 '무슨~'하고
빙그레 수줍은 미소를 흘렸을 것입니다.
그냥 하나님 나라 미말의 종으로 만족할 그였기에
그는 아버지와 남편, 형님, 장로님이 더 다정스런 이름이었습니다.

내가 사랑한 수지 누님의 남편으로 그는
로맨티스트였고 이상주의자, 복음주의자였습니다.
스피치는 있지만 복음이 실종된 강단을 질타하던 그는
또한 복음은 있지만 실천을 상실한 세대의 롤모델이었습니다.

그래서 그를 사랑하는 우리 모두는 그가 그립습니다.
그의 삶을 흉내내기만이라도 할 수 있다면
어쩌면 한국교회가 부활할 것 같은 희망을 예감하게 됩니다.
그의 전기가 그가 소원한 후배들의 디딤돌이 될 것을 기대합니다.

전기의 홍수 속에서 맑은 조약돌 보석을 건져내는 맘으로
이 소중한 라이프 스토리를 흥분하며 소개하고 싶습니다.
하나님 나라는 밭에 감추인 보화와 같다고 하신 말씀 따라
이제 이 책이 그 나라 여명의 단초가 되기를 기도합니다.

이동원-형님 김인수 장로님의 사랑에 빚진 자

손 봉 호

나눔 국민운동본부 대표, 서울대 명예교수

　김인수 장로는 한국 기독교와 사회를 위해 공헌한 훌륭한 자원이라 할 수 있다. 하나님은 그에게 뛰어난 재능을 주셨고, 그는 눈물겨운 고난을 겪으면서 그 재능을 충분히 개발하여 훌륭한 학자로, 기독교 지도자로 성공하였다. 여러 분야에서 이룩한 뛰어난 업적과 사회의 인정에도 그는 교만하지 않았고 하나님과 사람을 위하여 모든 것을 진실하게 바쳤다. 학문 활동과 공적 임무 외에도 가정사역, 기독교윤리실천운동, 선교사역, 성경공부 등 하나님 나라 확장과 하나님의 영광을 위한 많은 사역에 모든 시간과 정력을 다 쏟았고 철저하게 검소하고 절제된 삶을 살았다. 그래서 그가 너무 일찍 우리를 떠났을 때 그를 아는 사람들은 하나같이 애석해했고 아까워했다. 하나님이 그를 왜 그렇게 일찍 데려가셨는지는 알 수 없으나 그가 지금 살아 있었더라면 한국교회가 지금처럼 황폐해지지는 않았을 것이라는 생각이 든다. 아쉬울 때가 한 두 번이 아니다.

　그래서 우리는 김인수 교수를 그냥 놓쳐버릴 수 없다. 그는 우리 교계와 사회가 필요로 하는 너무나 소중한 자원이기 때문이다. 어떤 방식으로든 그로 하여금 지금도 계속해서 우리 교계와 사회를 위하여 공헌할 수 있게 해야 한다. 그렇게 하는 방법 가운데 하나가 바로 그의 삶과 가르침을 기록해서 사람들에게 알리는 것이다. 마침 김인수 교수를 가까이서 보면서 존경해 온 김온양 선생이 이렇게 좋은 전기를 쓰게 된 것은 얼마나 감사한 일인지 모른다. 이 책을 읽는 사람들은 그의 신앙과 인품을 알게 될 것이고 그의 겸손과 헌신을 존경하고 흠모할 것이며 많은 감동을 받을 것이다. 그렇게 해서 그를 닮는 사람이 늘어난다면 그것이 바로 김인수 교수의 사역이 계속되는 것이라 할 수 있다.

요즘 수많은 전기와 자서전이 쏟아져 나오고 있지만 모두가 다 읽을 만한 가치가 있는 것은 아니다. 그러나 김인수 장로는 뛰어난 인물이었고 그의 삶과 가르침은 보존하고 확산시킬 가치가 있다. 그리스도인이라면 반드시 이 전기는 한 번 읽어봐야 할 것이다. 많은 도움이 될 것이므로 이 책을 적극 추천한다.

CONTENTS

모험이 시작되다(1960-1978)

열정으로 살다(1978-2003)

CONTENTS

제3부_ 김인수의 삶과 신앙이 주는 교훈

영원한 청춘을 그리며

청춘은 인생의 어느 기간을 말하는 것이 아니라
마음의 상태를 말한다.
… … … …

영감이 끊어져 정신이 냉소라는 눈에 파묻히고
비탄이라는 얼음에 갇힌 사람은
비록 나이가 20세라 할지라도 이미 늙은이와 다름없다.
그러나 머리를 드높여 희망이라는 파도를 탈 수 있는 한
그대는 80세일지라도 영원한 청춘의 소유자일 것이다.

―사무엘 울만, "청춘" 중에서―

김인수는 왜 이 시를 좋아했을까? 교육계에 큰 기여를 했던 미국의 사회운동가 사무엘 울만은 78세에 이 시를 썼다. 미국의 더글라스 맥아더 장군이 연설에서 자주 인용함으로써 많은 이들에게 알려진 시이기도 하다.

이 시는 제2차 세계대전을 겪은 많은 이들에게 다시 일어설 힘을 주었다. 김인수 또한 이 시를 그런 역사적 배경 가운데서 접하게 되었을 것이다. 그가 '청춘'을 좋아하게 된 것은 시에 담긴 진솔한 기백과 아름다운 정신과 더불어 자신이 살았던 시대, 그리고 그런 시대를 살아간 그의 삶에 대한 태도를 잘 보여주기 때문이 아니었을까?

나는 김인수 교수의 제자가 아니다. 그렇다고 그가 출석하던 교회의 성도도 아니었다. 물론 가족도, 친척도 아니다. 단지 길 건너 앞집에 살았을 뿐이었다. 그러나 그와 몇 년간 함께한 성경공부는 내 중년기 이후의 삶에 가장 큰 변화를 주었다. 나는 지금도 김인수를 생각하면 눈물이 난다. 그래서 지금 이 글을 쓰고 있는지도 모른다.

내가 김인수를 처음 만난 것은 1998년 가을이었다. 당시 남서울은혜교회의 상담실장이던 원준자 전도사(현 백석대학교 상담학 교수)가 나와 성향이 많이 비슷해서 만나면 좋아할 것이라며, 김인수 장로가 인도하는 성경공부 모임을 소개해주었다.

그때부터 나는 매주 그와 함께 성경공부를 하면서 그가 보여준 탁월한 평신도 성경교사로서의 면모에 반했고, 성경의 가르침대로 살아가는 그의 삶에 감동을 받았다. 또한 세계적인 경영학자였던 그가 죠이선교회에서 실시했던 '그리스도인 예비 최고경영자(CEO) 과정'을 통해 진정한 리더십이 무엇인지 배웠다. 그리고 그가 섬기던 단체들을 보며 원칙 중심의 리더십이 어떤 것인지 확인할 수 있었다.

그의 인품은 가르치는 영역을 넘어 개인적인 삶에도 깊은 감동을 주었다. 그는 오래도록 해결하지 못했던 우리 부부의 갈등에 도움을 준 통찰력 있는 상담자였다. 나처럼 그에게 도움을 받은 사람들과의 교제를 통해 김인수 장로를 깊이 알아가면서, 하나님의 성품을 닮아간다는 것이 어떤 것인지 구체적으로 깨닫게 되었다.

그는 내게 충고하거나 간섭하지 않았다. 그저 그의 삶을 바라보는 것만으로 충분했고, "나도 저렇게 살아야겠다"는 도전을 받게 되었다.

나는 요즘에도 김인수 장로가 그리워 가끔 눈물을 흘리기도 하고, 어려운 일을 당할 때마다 '만일 장로님이라면 어떻게 하셨을까?'라고 생각하기도 한다. 다른 이들 앞에서 그에 대해 자주 말하자, "김 장로님을 너무 신격화하는 것 아니야?"라는 오해의 말을 듣기도 했다. 내가 정말로 한 사람의 성도일 뿐인 김인수를 신격화한 것일까?

아니다. 그래서도 안 되고 그럴 수도 없다. 나는 이 책으로 김인수의 삶과 신앙을 통해 일하신 하나님을 이야기하기 원한다. 이 책은 김인수를 기리는 데에 멈추기보다 김인수의 삶과 신앙을 통해 일하신 하나님을 가리키는 데까지 갔으면 한다. 그간 김인수를 기억하며 그를 기리는 책들이 몇 권 출간되었다. 그러나 그가 주 안에서 온전한 쉼을 누린 지 벌써 10년이 훌쩍 넘은 이 시점에, 그가 살아온 삶에 대해 조금은 차분히 정리할 필요가 있지 않을까 해서 다시금 그의 삶과 신앙을 기록해보게 된 것이다. 앞으로 또 다른 이들에 의해 김인수에 대한 전기나 평전이 출판되기를 바라는 마음이 크고 이 책이 그 첫 발자욱이 될 수 있다면 좋겠다.

주님을 구주로 믿는 모든 사람들이 아브라함의 믿음을 본받기 원하듯, 다윗의 신앙과 솔로몬의 지혜를 닮기 원하듯, 이 책을 읽는 이들이 믿음의 사람 김인수의 삶을 본받아 하나님의 말씀을 따라 살고 싶은 마음이 든다면, 이 책을 통해 내가 할 일은 다 한 것이리라.

특별히 이 책을 출판할 수 있도록 허락해준 김수지 선교사와 인터뷰에 응해주셨던 가족들께 감사를 드린다. 특히 김병규 목사의 헌신적인 지원과 격려가 아니었다면 이 책은 결코 세상에 나올 수 없었을 것이다. 또한 로고스서원에서 함께 공부하는 김기동 목사, 여상현 집사, 독자의 관점에서 읽고 피드백을 해준 김은영 자매와 박정향 집사 덕분에 그나마 원고를 완성할 수 있었다. 무엇보다도 눈에 보이지 않게 뒤에서 물심양면으로 도와준 양국주 선교사와 디자인봄의 이춘우 대표께 이 지면을 통해 진심으로 다시 한 번 고마운 마음을 전한다.

구기동 산자락에서 김온양

Photo by K. J. Yang

제1부

하나님께 붙들린 영원한 청춘

2003년 1월 5일, 한 해를 여는 첫 주일예배를 드리고 여느 때와 같이 온 식구들과 함께 점심식사를 마친 김인수 장로는 잠깐 옆 건물에 다녀오겠다면서 밖에 나갔다. 그리고 눈으로 덮인 빙판에 넘어져 정신을 잃었다. 한 어린아이가 교회 앞마당에서 넘어질 뻔한 것을 붙잡아주려다가 오히려 자신이 미끄러져 넘어진 것이다. 놀란 어린아이는 어디론가 사라져버렸고 그는 예배당입구에 있던 긴 의자에 옮겨 눕혀 졌다. 그리고 몇 분 후에 정신을 차린 그는 아내 김수지 권사의 의식검사에 응답하며 웃음을 나누기까지 했다. 여러 교인들이 놀라고 당황해하는 소동 속에서 김인수는 교회 길 건너편에 있는 삼성서울병원 응급실로 급히 옮겨졌다. 그리고 응급실을 찾아온 몇몇 사람들과 웃으며 이야기를 나누기까지 했다. 첫 CT촬영 결과를 들을 때까지만 해도 가족들은 그가 곧 회복할 수 있을 거라 생각했다.

그러나 그날 저녁, 그는 갑자기 다시 의식을 잃었고 그때부터 시작된 혼수상태는 무려 한 달간이나 지속되었다. 두 번의 뇌 수술을 받은 후에도 계속 높아지는 뇌압을 진정시키기 위해 혼수치료를 받는 동안, 지구촌 곳곳에서 얼마나 많은 사람들이 그의 회복을 위해 기도했는지 모른다.

그러던 어느 날 아침, 회진을 하던 담당의사는 환자가 거의 뇌사상태라는 말을 가족들에게 전했다. 뇌사상태라니! 비록 심장은 여전히 뛰고 있어도 의학적으로는 이미 의식의 불꽃이 꺼졌다는 말이 아닌가! 어떤 의미에서 김인수는 죽음의 경계선에서 한 발은 생의 저쪽을, 또 다른 한발은 생의 이쪽을 딛고 있었던 것이다.

김인수의 부인 김수지는 자신과 딸이 간호사가 된 것이 이때를 위해서가 아니겠느냐며, 무의식 상태라도 좋으니 생명만 연장시켜 달라고 의료진에게 간곡히 부탁했다. 그러나 계속 기도를 하던 중에 생명 연장보다 남편이 평안히 쉴 수 있도록 떠나 보내는 것이 도리라고 생각하게 되었다. 그녀는 그동안 자신들의 생애를 기적같이 이끌어주신 하나님께 의탁하면서, 연명치료를 중단해야겠다는 이야기를 의식불명 상태에 있는 남편에게 말했다. 그러자 바로 그때, 의학적으로는 무의식상태에 있던 김인수의 신체활력 증상들이 안정되는 변화를 보였다. 그의 부인 김수지는 남편의 신체증상이 변화되는 상황을 남편도 자신의 말에 동의한 것으로 받아들였다. 그러자 그녀의 마음은 한결 편안해졌다.

가족들은 한편으로 임종이 점점 가까워졌음을 알리는 의료진의 말을 들으며 하나님께 마지막 소원을 빌고 있었다. 새로운 생명이 태어날 때 누군가가 함께 해주듯이, 한 생명이 꺼져갈 때 목회자가 함께 해줄 수 있기를 바랐다. 다행히 김인수의 신앙의 동지이자 그가 존경했던 홍정길 목사가 귀국하자마자 병원 중환자실로 직행하여 2월 5일 밤 11시경 함께 예배를 드릴 수 있었다. 부인 김수지는 그때까지 남편이 살아 있음을 알려주는 호흡기의 소리에 너무도 감사했다.

잠시 후 가족들뿐만 아니라 함께 교회를 섬기던 장로들과 교우들, 성경공부 반원들을 포함한 40여 명의 믿음의 가족들이 함께 둘러서서 김인수를 하늘나라로 보내는 환송예배를 드리기 시작했다. 홍정길 목사가 요한계시록 14장 13절, "또 내가 들으니 하늘에서 음성이 나서 가로되 기록하라 지금 이후로 주 안에서 죽는 자들은 복이 있도다 하시매 성령이 가라사대 그러하다 저희 수고를 그치고 쉬리니 이는 저희의 행한 일이 따름이라 하시더라"라는 말씀을 읽고 있을 때, 그 동안 연명을 도왔던 모든 의료기구의 모니터 신호가 동시에 0(제로상태)을 가리켰다.

2003년 2월 6일 0시 3분.

하나님께 붙들렸던 영원한 청춘 김인수 교수가 말씀을 따라 살았던 65년 22일간에 걸친 이 땅에서의 삶이 끝나고 그 말씀이신 주의 품 안에서 영원한 안식을 누리기 시작한 순간이었다.

그의 소천 후 지난 10년간 얼마나 많은 사람들이, 얼마나 다양하게 김인수의 성품과 삶에 대해 말하고 있는지 모른다. 책을 통해, 인터넷을 통해, 그리고 크고 작은 모임에서 만나는 사람마다, 각자가 경험한 김인수의 모습을 회고하면서 받은 사랑을 그리워하고 그가 끼친 영향력에 대해 서로 이야기를 나눈다. 초등학생부터 회갑을 훨씬 넘긴 어른들까지, 한국뿐만 아니라 전 세계에 흩어져 있는 많은 사람들이, 기독교계는 물론 학계, 사회단체 및 정부기관까지 그를 만났던 사람들은 입을 모아 그의 빈자리를 아쉬워하고 있다. 그만큼 그의 활동영역과 그가 끼친 영향력은 컸고, 그가 남긴 감동은 깊었다.

김인수! 이름만 들어도 절로 고개가 숙여지는 그는 이 시대의 참 스승이자 탁월한 학자였다. 그는 보이지 않는 신앙을 보이는 삶으로 나타낸 예수님의 참 제자였고 모든 그리스도인이 마땅히 본받아야 할 믿음의 선진이었다. 한마디로 신앙과 생활이 일치되었고 올곧은 성품과 탁월한 역량을 겸비한, 균형 잡힌 삶의 모델이었다. 죽은 후에도 자신의 시신까지도 나누는 헌신의 삶을 살다 간 그는 많은 사람들이 그토록 닮기 원했던 이 시대의 진정한 멘토였다.

1

황무지에 심긴 한 그루 소나무
1938–1959

제2차 세계대전 직전 일본에서 태어나다

1930년대, 동아시아뿐 아니라 전 세계는 제2차 세계대전을 앞두고 불안한 격변기를 지나고 있었다. 1931년, 일본은 중국 북동부 지역인 만주를 점령한 뒤 괴뢰 정권인 만주국을 세운 다음 중국 침략에 박차를 가했다. 그러던 중에 1937년 7월 7일 베이징 서남쪽에 있는 루거우차우(노구교)에서 일어난 발포 사건으로 인해 중일전쟁이 시작되었다.

1938년 3월 13일에는 나치 독일이 오스트리아를 합병했으며, 4월 1일에는 일본 제국이 전쟁을 수행하기 위해 국가 총동원법을 공포함으로써 한반도 내에서 노동력과 물자 등을 수탈해 이를 전쟁에

동원할 근거를 마련했다. 그 이듬해인 1939년 9월 1일에는 나치 독일이 폴란드를 침공함으로써 제2차 세계대전이 발발했다.

이러한 역사적 격변기에 김인수는 일본 도쿄에서 출생했다(1938. 1. 14). 어떤 이들은 중일전쟁 발발을 제2차 세계대전의 시작으로 보기도 하니, 그가 역사상 가장 참혹한 전쟁으로 그늘진 시기에 태어났다고 해도 과장은 아닐 것이다. 이와 같이 김인수가 태어난 때가 암울한 시대이긴 했지만, 당시 그의 집안 사정은 그리 나쁘지 않았다. 본래 그의 부친 김영소와 모친 안정분은 경상도와 충청북도의 경계인 추풍령 근처에서 태어나 자랐으나 결혼 후 부친 김환교와 함께 일본으로 건너가 공장 생활을 시작했다. 그러다가 차츰 안정되면서 구두나 배낭 등을 생산하는 공장(가족 중 어떤 이는 군화공장으로 기억하기도 한다)을 운영할 정도로 경제적인 여유를 갖게 되었고, 그로 인해 친척들 모두 일본으로 건너가 김영소의 공장에서 일하게 되었다.

김인수가 태어날 당시 위로는 형 김인화가 있었으며, 부모가 일본에서 생활하는 동안 여동생 둘을 더 보았다. 김인수가 기억하는 일본 생활은 비교적 여유로웠다.

김인수의 집안 분위기는 전형적인 유교 집안으로 모든 일에 장남을 우선시했다. 어머니가 출타할 경우, 김인수는 집에 두고 장남인 그의 형만 데리고 나가는 등 차남이었던 김인수는 장남에 비해 상대적으로 부모님의 사랑을 많이 받지 못하고 자랐음에도 불구하고 어릴 적 김인수의 성품은 온순하고 순종적이었다고 한다.

한 번은 이런 일이 있었다. 여느 때처럼 어머니가 형만 데리고 출타하자 당시 세 살이었던 김인수는 집에 혼자 있게 되었다. 출타하기 전 어머니가 화로 앞에 앉혀 놓고서 "엄마 돌아올 때까지 기다리고 있거라"라고 하신 말씀을 따라 화로 옆에서 어머니를 기다리다 무료한 나머지 깜빡 잠이 들어 화로 위에 있던 주전자를 넘어뜨리게 되었다. 그로 인해 하반신에 화상을 입게 되었고, 그 상처를 치료하느라 상당히 고생을 했다. 하지만 그 덕분에 그 후로는 부모가 출타할 때마다 두 형제 모두 데리고 다니게 되었다.

어렸을 적 그의 가정이 어떠했는지 자세히 알 길은 없지만 김인수는 부모님이 자신을 무척 사랑했다고 회고하였다. 다만 그 당시 여느 부모와 마찬가지로 자식을 사랑하는 방법을 잘 몰랐던 건 아쉽다고 했다.

이를 단적으로 보여주는 일화가 있다. 가족이 일본 도쿄에 살던 때 제2차 세계대전이 일어났다. 1944년 폭격이 시작되기 직전에 어린 김인수는 충수염(맹장염)에 걸렸다. 곧바로 병원에 가지 않아서 그랬는지 알 수는 없지만, 충수가 터져서 복막염이 됐다. 그래서 수술 후 한달이 지나도록 퇴원을 하지 못했다. 그런데 자기 앞방에 들어왔던 맹장 환자는 수술한 지 3일 만에 퇴원했고, 길어 봤자 일주일 만에 퇴원했다는 이야기를 부모로부터 들었다. 그래서 그는 속으로 '나는 왜 이렇게 부모 속만 썩이고, 왜 빨리 못 일어날까?'라고 생각하며 죄책감을 갖게 됐다. 그때 일을 생전의 김인수는 이렇게 회상하였다.

"그때 부모님이 계시지 않으면 움직일 수가 없어 오줌을 침대에서 보고, 부모님이 계시면 침대 밑에 있는 요강을 건네주셔서 소변을 보았습니다.

입원한 지 한 달이 한참 지났을 때였습니다. 한 번은 어머니와 아버지가 다 집에 가시고 혼자서 병실에서 잠을 잤습니다. 다른 날도 그랬는지 모르겠지만, 그날 일만큼은 기억이 선명합니다. 그날따라 아침에 일어났는데 기운이 좀 났습니다. 아주 기분이 좋고 기운이 났습니다. 그래서 제가 힘을 내어 바닥으로 내려가 침대 밑에 있는 요강을 꺼내어 제 스스로 소변을 가려 봤습니다. 얼마나 장한 일입니까? 그때는 화장실이 저 바깥 복도로 한참 나가서 있었습니다. 그리고 올라와서 부모님이 오시길 기다렸습니다. 지금도 그날 병실의 창살 사이로 반듯하게 떨어지던 눈부신 햇살이 떠오릅니다. 그 장한 일을 얘기하고 싶어서 잔뜩 기대감을 갖고 기다렸습니다. 그때 아버지가 오셨습니다. 칭찬과 인정받을 것을 생각하며, '아빠, 저 침대에 오줌 안 쌌구요, 오늘은 제가 내려가서 요강에다가 오줌을 넣어요'라고 신이 나서 말했습니다. 그랬더니 아버지가 '침대에서 내려올 수 있었으면, 나가서 화장실 가서 눌 수 있었겠다!'라고 하셨습니다. 그 순간 하늘이 다 무너져버렸습니다. 지금도 저는 그 일을 아프게 돌이키곤 합니다."

전쟁의 막바지에

제2차 세계대전이 막바지에 이르러 도쿄는 미군 폭격기의 폭격이 심해지자 당시 급히 피난을 가야 할 상황이 되었다. 결국 그의 가족은 도쿄 후쿠시마현 고리야마시에서 약 12킬로미터 떨어진 시골 마을로 피난을 갔다고 한다. 연합군의 일본 본토 공습은 일본의 진주만 공격에 대한 보복의 성격으로 시작되었으나, 이후에는 태평양 전쟁의 주요 전선을 보충하는 성격으로 바뀌었다. 그러한 공습은 1942년 둘리틀 공습을 시작으로 1945년까지 계속됐다. 1945년 8월 히로시마와 나가사키에 떨어진 원자폭탄은 가장 유명한 사건으로 기억된다. 그러나 그에 못지 않게 일본에 많은 피해를 준 폭격이 1945년 3월에 있었던 도쿄 대공습이었던 걸 생각할 때, 김인수 가족이 긴급히 시골로 피난하지 않았다면 우리가 기억하는 김인수는 존재하기 어려웠을 것이다.

그렇게 피난 간 곳에서 김인수는 국민학교(현재의 초등학교)에 입학해 2학년까지 다닐 수 있었다. 전쟁 중의 혼란한 시기였기에 김인수의 학업 성적에 대한 자료가 남아 있지는 않지만, 그의 형이 말하는 어릴 적 이야기를 들어보면 자신보다는 김인수가 공부에 더 소질이 있었던 것으로 보인다.

아직 후쿠시마현으로 피난 가기 전, 도쿄에 있을 때의 일이다. 국민학교에 다니던 형은 당시 메이지 대학교를 다니던 한국 유학생 가정교사에게서 공부를 배우고 있었다. 형은 수업에 집중력이 약했던 반면 뒤에서 수업하는 모습을 지켜보던 동생인 김인수가 도리어 가정교사의 질문에 정답을 말하는 일이 자주 있었다. 김인수의 이해력과 집중력이 어떠했는가를 보여주는 일화이다.

넉넉했던 일본을 떠나 찾아간 조국

1945년 7월 26일, 미국과 영국, 중화민국의 정부 수뇌부가 모여 포츠담 선언을 발표하며 일본에 항복의 메시지를 보냈으나 일본은 이를 거절했다. 그리하여 8월, 히로시마와 나가사키에 원자폭탄이 투하되었고, 소련군은 일본이 세운 만주국을 침공했다. 잇따른 공격에 백기투항한 일본은 쇼와 천황의 포츠담 선언의 수락과 함께 항복 의사를 연합국에 알렸다. 1945년 8월 15일, 항복 선언이 이루어졌고 9월 2일에는 일본의 정식 문서 서명으로 전쟁이 끝났다.

일본이 항복함으로써 고국은 마침내 해방을 맞이했지만 이 사실이 김인수의 가족에게 당장 영향을 끼친 것은 아니었다. 친척들이 모두 일본으로 건너온 까닭에 고국에는 큰 연고가 없었고, 도쿄에 공장을 가지고 있었기 때문에 김인수의 가족은 도쿄로 가기로 했다. 아버지 김영소가 먼저 도쿄에 가서 터전을 잡은 다음, 10월경에 나머지 가족들이 이사를 했다. 전쟁의 폐허 속에서 새롭게 시작해야 할 상황이긴 했지만 고국에서보다는 훨씬 상황이 좋았다.

그런데 한 가지 문제가 생겼다. 김영소의 부친 김환교가 일본어를 할 줄 몰랐던 데다가 연로하여 거동이 어려워졌기 때문에 일본 생활을 더 이상 하기 어렵게 된 것이다. 당시 김인수의 가족들은 모두 만반의 준비를 갖추고 도쿄로 거주지를 옮긴 뒤 마음을 잡아가는 중이었다. 그러나 김환교는 고국으로의 귀환에 대한 뜻을 굽히지 않고 완강히 버텼다. 가족들이 고국으로 돌아가는 것을 반대하자 집을 나가 도쿄역 앞 여관에서 지낼 정도로 그의 고집은 대단했다. 부친 김환교로서는 한국이 고국이요, 연고지였던 반면 이미 일본에서 터를 잡은 김영소의 가족들에게 한국은 아무런 연고도 터전도 없는 곳이었다. 더욱이 일본에서 나고 자란 김인수와 그의 형제자매들은 일본어밖에 할 줄 몰랐기에 그들에게 고국행은 더욱 어려운 결정이었다. 그러나 지극한 효심의 김영소는 결국 홀로 남은 부친의 뜻에 순종하지 않을 수 없었다. 게다가 한국으로 돌아가게 된 또 하나의 이유는 해방된 한국에서 쫓겨난 일본인들이 돌아와서 재일한국인들에게 보복성 폭력을 가하는 일이 잦아 분위기가 어수선해졌기 때문이기도 했다. 이에 김영소의 가족은 일본에서 이룩한 모든 것을 포기하고 경상북도 김천에 정착했다.

그러나 부친 김영소가 재산을 처분하기 위해 다시 일본에 들어가야 했기때문에 부인 안정분 홀로 새로운 정착을 감당해야 하는 어려운 상황이었다. 안정분은 한국이 고국이라고는 하지만 오히려 외국처럼 낯선 곳에서 한국어를 모르는 자녀들을 데리고 홀로 이 모든 어려움을 감당해야만 했다. 이러한 어려움은 김인수에게도 마찬가지였을 것이다.

한국에 돌아온 지 6개월 후, 일본에 잠시 들어갔던 김인수의 부친은 재산을 정리해서 남아 있던 친지들과 함께 귀국했다. 하지만 고국에서의 생활은 적응하기 쉽지 않았고 손을 댄 사업마다 계속해서 실패했다. 함께 고국으로 건너온 친지들의 원성이 높아지고, 그의 가족들이 겪는 어려움은 날로 심해졌다.

당시 국민학생이었던 김인수 형제는 학교 편입을 준비했다. 조부 김환교는 그들 형제에게 천자문 교육을 시키고자 하였으나 모국어도 모르는 그들이 천자문을 배운다는 것은 너무도 힘든 일이었다. 그러다 보니 말도 안 통하는 상태에서 한문을 배우느라 조부에게 매일 회초리로 맞는 일이 잦았다. 하루는 참다 못한 형 김인화가 조부 몰래 회초리를 전부 꺾어버려 조부에게 많이 맞은 일도 있었다.

잠깐 빛이 비친 뒤 다시 전쟁을 겪다

국내외 정세 또한 심상치 않게 돌아가고 있었다. 일본제국의 지배에서 해방되어 잠시 빛이 비치는 것 같았으나, 미국과 소비에트연방공화국(구소련)을 중심으로 하는 냉전시대의 두 축은 자신들의 세력을 확보하기 위해 전쟁의 혼란 속에서 막 새로 깨어난 한반도를 주시하던 상황이었다. 국내에서는 민족주의자들과 공산주의자들의 대립이 날로 깊어져 정국은 불안한 요동 속에 처해 있었다.

일본이 정식 문서 서명으로 항복함으로써 해방의 기쁨이 만개해야 할 1945년 9월, 미국과 소련 양국은 북위 38도선을 경계로 하여 각각 남과 북에 군정을 설치했다. 한반도 내의 단일 국가 수립이 점점 요원해지는 상황이었다. 1948년 1월부터 남한 단독 정부 수립론과 남북 협상을 통한 정부 수립론을 놓고 의견이 첨예하게 갈라졌다. 그러는 동안 1948년 2월, 결국 38도선 이북에서는 북조선 인민위원회가 구성되고 조선인민군이 창건됨으로써 단일 국가 수립의 꿈은 점점 더 멀어져 갔다. 1948년 5월 10일, 결국 첨예한 힘의 대립 속에서 38도선 이남에서만 제헌 의회 총선거가 이루어져 제헌 국회가 설립되었고, 7월 17일에는 대한민국 제헌 헌법이 구성되었다.

이렇게 대한민국(남한)과 조선인민민주주의공화국(북한)으로 나누어진 한반도는 마침내 미국과 소련으로 대변되는 민주주의와 공산주의의 대결의 장이 되었다. 그리하여 남한의 공산화를 꿈꾸는 김일성이 소련의 스탈린의 승인을 받아 소련제 탱크를 몰고 남한을 침략함으로써 한국전쟁이 발발하게 된다. 그때가 1950년 6월 25일, 새벽 4시였다.

일본에서의 생활을 정리하고 이제 막 귀국하여 번번히 실패를 맛본 김영소의 가족들에게 또 하나의 전쟁은 고난의 연속이었다. 김영소의 가족들은 갖은 고생 끝에 피난을 갔으나 낙동강을 건널 수 없었다. 전쟁이 발발한 지 두 달도 못 된 8월 7일에 마산과, 8월 13

일에는 포항에서 북한군과 유엔군이 전투를 벌였던 상황을 생각하면, 낙동강을 건너지 못하고 북한군이 점령한 곡송이라는 마을에 머물면서 김영소의 가족들이 경험했을 공포와 두려움은 이루 말할수 없었을 것이다.

가난한 시절을 더 가난하게 보낸 소년

다시 한국전쟁 이전의 상황으로 돌아가 보자. 김천에 정착한 뒤 김인수의 집안 상황이 좋지 않았음은 앞서 말한 바와 같다. 생활고가 너무 심한 나머지 김인수의 아버지 김영소는 가지고 있던 시계나 오버코트 등 팔 수 있는 모든 물품을 다 내다 팔아서 생활비에 보탤 정도였다.

그러던 중 김인수가 중학교 입학 시험에 합격하였는데 돈이 없어서 입학금을 마련할 수 없었다. 어려서부터 총명하고 공부에 소질이 있었음에도 불구하고, 기초 학업을 이어갈 수 있는 가정 형편이 되지 않았던 것이다. 김인수의 부모는 자식을 중학교에 보내고자 백방으로 수소문하며 입학금을 구하기위해 애썼지만 결국 마련하지 못했다. 그런데 마침 등록 마감 당일에 친지 중 한분이 그 소식을 우연히 전해 듣고 입학금을 마련해주어 가까스로 김천중학교에 입학할 수 있었다.

하지만 입학금이 끝이겠는가? 책값도 필요했고, 교복도 사야 했지만 김인수에게 허락된 건 어머니가 시장에서 산 광목천으로 손수 지어준 교복밖에 없었다. 하얀 광목천으로 지은 교복을 염색하지도 못한 채 입고 다녔는데 그것을 본 시장의 한 아주머니가 그에게 교복을 한벌 사주었다고 한다. 게다가 제대로 된 신발이 없어 어머니의 고무신을 신어야만 했는데, 당시 학교에 고무신을 신고 등교하는 학생은 김인수 혼자였다.

김천이 수복된 뒤에는 어려웠던 형편이 조금 나아지는 듯했다. 왜냐하면 그 전쟁의 수많은 폭격 속에서 다행스럽게도 집이 소실되지 않았고, 집 앞에서 좌판을 벌여 장사를 시작할 수 있었기 때문이다. 그러나 집 앞 도로에 다니는 사람들이 별로 없었다. 그래서 김인화, 김인수 형제는 국도변으로 나가서 유엔군을 상대로 장사를 시작했다. 비록 유창하지는 않지만 서툰 영어로 말을 주고받을 수는 있었다. 그렇게 시작한 장사가 생각보다 잘 되어 조금 지나서는 조그만 주류 식품 도매업을 할 수 있는 기틀을 잡을 정도가 되었다.

한국전쟁 상황도 나아지는 듯싶었다. 서울을 3개월 만에 탈환한 유엔군은 1950년 가을 38도선 이북으로 올라갔다. 그러나 전쟁은 중화인민공화국의 참전으로 인해 그 양상이 크게 달라졌다. 유엔군과 국군은 중공군의 인해전술에 밀려 다시 38도선 이남으로 패퇴했고, 1951년 1월 4일, 다시 수도 서울을 빼앗기게 된 것이다. 우리가 1.4 후퇴라고 부르는 이 사건이 일어난 겨울, 추위와 혼란 속에서 김인수 형제는 점심도 굶어가며 주로 미군을 상대로 열심히 장사를 했다.

추운 겨울 김인수 형제의 좌판 옆에는 한 아주머니가 따뜻한 김이 나는 떡을 팔고 있었는데, 바로 곁에서 보면서도 그들은 고픈 배를 달래며 떡 하나 사먹지 않고 돈을 알뜰히 모았다. 특히 중학생이었던 김인수의 성실함과 알뜰함은 당시 좌판을 벌이던 상인들 사이에서도 소문이 나서, 상인들이 그의 성실함을 닮으라고 자기 아들의 이름을 인수라고 짓는 일도 제법 있었다고 한다.

얼마나 절약하고 아꼈는지, 하루는 어머니 안정분이 "네 형은 주머니에 돈이 있으면 자기를 위해서 써서 돈이 춤을 추며 나가는데, 너는 네 자신을 위해 쓰질 않아 돈이 호주머니 안에서 없어진다. 그러니 네 자신을 위해서도 좀 쓰려무나"라고 했다고 한다. 그러한 모친의 조언에도 불구하고, 김인수는 먹고 싶은 떡 하나 사먹지 않고 열심히 장사를 하며 돈을 모았다고 한다.

그러는 동안 이제 전쟁의 상처가 차츰 아물어가면서 학교가 정상적으로 개학하게 되었고 김인화, 김인수 형제도 학교로 돌아갈 수 있었다. 장사도 여전히 나쁘지 않았지만, 상황은 예전만 같지 않았다. 시골 사람들을 상대로 장사를 하다 보니 외상이 너무 많았던 것이다. 게다가 몇 년 동안 흉년이 들어 농사도 형편없고 장사도 내리막길로 치달아 다시금 고생이 시작되었다. 한 2년 잠깐 숨 좀 돌리고 나서 다시 극한 가난으로 빠져들었던 것이다.

그러나 김인수 가족의 가난에는 또 다른 이유가 있었다. 2002년

언론에 실렸던 김인수가 회상하는 부친 김영소에 대한 언급에서 왜 그런 어려움이 다시 찾아오게 되었는지 단서를 발견할 수 있다.

"저는 아버지에게 유산으로 받은 것이 가난밖에 없다고 생각했었어요. 그런데 그것이 아니었어요. 아버지는 외상값을 받으러 갔다가 그집 사정이 딱하면 오히려 쌀을 사주고 오시는 분이었어요. 형편이 어려운 손님이 오면, 예컨대 5백 원짜리 물건이라면 3백 원에 주시곤 하셨죠. 그때는 아버지가 무능하다고만 생각했는데, 아버지께서 돌아가시기 전에 '내가 평생 살면서 남에게 나쁜 짓 안했다'는 말을 하시더라고요."

상황이 이렇다 보니 고등학교에 가야 할 김인수로서는 고등학교에 진학할 엄두도 못 내었다. 그러던 1953년 어느 날 정보통신 분야의 인재를 양성한다는 목적으로 당시 서울특별시 종로구에 설립된 국립 체신고등학교가 학생 모집을 위해 내건 공고문을 우연히 보게 되었다. 체신고등학교는 대한제국 당시 국가 예산으로 정보통신 전문 인력을 양성하기 위해 전무학당과 우무학당에서 시작된 학교로서, 1953년 4월에 3년제 고등학교로 개교해서 전국에서 특차 시험으로 학생을 선발했다. 재학 중에는 국비 장학금을 지급했으며, 공업수학, 재료공학, 공중선 전파공학 등을 공부했다. 게다가 생활비까지 지급했다. 그래서 김인수는 체신고등학교 특차 모집에 지원해서 합격했다. 제법 공부를 잘했던 그는 사실 당시 그 지역 명문으로 꼽히던 김천고등학교 입학 시험에도 합격한 상태였다. 하지만 중학교에 입학할 때처럼 이번에는 선뜻 도와줄 사람이 나타나지 않았기 때문에 김인수로서는 가고 싶은 김천고등학교를 뒤로 하고 체신고등학교에 입학할 수밖에 없었다.

체신고등학교에 입학한다는 말은 이제 자신의 미래가 거의 결정됐다는 것을 뜻했다. 모두가 가난했던 시절을 더 가난하게 보낸 소년 김인수에게는 체신고등학교를 졸업하고 취직하여 하루 빨리 가난에서 벗어나는 것이 목표가 되어 버렸다. 아래로 동생이 다섯이나 더 있었기에 더욱 그러했다. 김인수는 자신의 아내로 평생을 함께 하게 될 김수지에게 보낸 1961년 6월 2일자 편지에서 자신의 가족 구성원을 이렇게 소개했다.

"부모님이 계시고, 올해 28살인 형님이 계시고, 그 다음이 나(26세), 내 아래로 스물한 살 된 여동생(시집가서 두 살 난 딸이 있음), 열아홉 살 된 여동생, 등뼈가 아픈 중학교 다니는 열다섯 살짜리 여동생, 다리를 앓고 있는 국민학교 4학년 여동생, 마지막으로 국교 2년생인 남동생이 있습니다.
형님은 공군으로 진해의 비행기 설계소에 있다가 제대한 후, 신문기자로 있으면서 사업을 하고 있습니다. 이것이 간략한 가족 소개입니다."

그런데 당시 김수지에게 보낸 김인수의 편지를 보면, 그의 형 김인화의 사업이 안정적이지 못하다는 언급이 나온다. 게다가 6월 1일자 편지에는 모친이 늑막염으로 쇠약해졌다고 말했다. 따라서 1961년에 이르기까지 가정 형편이 나아졌다는 정황은 발견되지 않는다.

결국, 김인수는 차남이면서도 가족의 생활을 책임지는 장남으로서의 역할을 해야 하는 상황이었다. 그래서 그는 등록금과 생활비를 지원해주는 국립고등학교를 다니면서도 방학 때마다 소일거리를 해서 동생들을 돌봤다. 당시 김인수가 느꼈을 책임감은 참으로 컸을 것이다.

열여덟 소년, 세상에 나가다

가정 형편 때문에 체신고등학교를 졸업한 김인수는 9급 임시기능직인 국제전신전화국 공무원으로 직장생활을 시작했다. 열여덟 살의 어린 나이에 소위 세상 물을 먹기 시작한 것이다. 당시 그가 다니던 직장의 선배 공무원들 사이에서는 음악 감상, 당구, 노름, 사교춤 등이 유행하고 있었다. 자연스럽게 김인수도 열심히 선배들을 따라다니며 그런 자리에 함께 했다. 유흥을 즐기는 모습들에 대해 회의를 느끼거나 마음의 갈등 같은 것은 전혀 없었다. 그저 세상 흐름을 따라 평범하게 살면서 가장 빠른 시일 내에 경험을 많이 쌓아

누구에게나 어른으로 인정 받고 싶었을 뿐이었다.

당시 김인수로서는 나름의 열등감이 있었을지도 모른다. 하지만 냉정히 생각해 보면, 체신고등학교의 교과과정은 대학 교육을 제외하면 그 당시 이수할 수 있는 최상의 교육 환경이었다고 할 수 있다. 공부를 잘했던 김인수에게는 체신고등학교의 교과과정이야말로 나름 외국의 문물과 기술을 접하는 중요한 통로가 되었을 것이다. 또한 고교 졸업 후, 비록 말단 공무원이기는 했지만 그래도 그의 직장 선배들을 따라 음악 감상이나 당구, 사교춤 등을 배웠다는 것은 김천에서처럼 마냥 밑바닥 인생을 산 것은 아니었던 것으로 보인다.

그러나 체신고등학교에서는 직업교육이 초점이었기 때문에, 훗날 김인수가 청년들을 대상으로 한 강의에서 말한 것처럼, 국어나 영어, 수학 등의 공부는 2학년 이후로는 할 수 있는 기회가 없었다. 이 점으로 미루어 보아, 김인수는 체신고등학교 재학 중에 부족했던 영어공부를 거의 독학으로 공부했을 것이고 말단 공무원으로 재직하는 동안에도 꾸준한 공부를 통해, 이후 그의 영어실력이 상당한 수준에 이른 것으로 보인다. 이전부터 보여준 그의 성실함과 총명함을 고려하면, 그 당시 영어를 잘한다는 게 얼마나 중요한 자산인지 일찍부터 깨달았을 가능성이 크다. 김인수는 죠이클럽에서 활동하는 동안에도 매우 열심히 영어를 공부했다고 말했으며, 당시의 영어공부는 실제로 김인수의 삶에서 큰 자산이 되었다.

2

모험이 시작되다
1960-1978

그럴듯하지만 내겐 필요 없는 이야기

　김인수는 기독교와는 무관했다. 그의 일가친척 중에는 기독교 신앙을 가진 이가 전혀 없었다. 오히려 그의 집안은 전통적인 유교에 충실했다.

　국민학교 2학년 때 우연히 친구를 따라 집 근처 교회에 다니기 시작해서 5학년 때까지 열심히 다녔지만 결석을 한두 번 하게 된 것이 마음에 걸려 더 이상 교회에 나가지 않았다. 그 후 체신고등학교 1, 2학년 때 타향인 서울에서 어렵게 공부하면서 외로운 마음을 달래기 위해 다시 교회에 다니기 시작했다.

　그러나 수학과 과학, 그리고 합리적 사고에 눈뜨기 시작한 당시의 김인수 눈에는 기독교 신앙이 점점 더 미신적이고 광신적으로 보였다. 그가 보기에 교회에는 부조리가 가득하고, 교인들은 위선적이었다. 이러한 생각이 점점 굳어지면서 교회에 대한 거부감과 실망감에 또 다시 교회에 나가지 않게 되었다.

김인수는 전쟁통에서 숱한 어려움을 이겨내며 스스로의 힘으로 여기까지 왔다고 생각했다. 이러한 그에게 신앙이란 심약한 사람들에게 거짓된 희망만 주는 한낱 가짜 위로에 지나지 않았다.

그는 교회에 나가 예배하는 것도 시간 낭비라고 생각했다. 눈에 보이지도 않는 신에게 연연하기보다 당장 눈 앞의 현실에 충실하자고 다짐했다.

이런 김인수에게 변화가 찾아오게 된 계기는 1960년에 지인의 손에 이끌려 마지못해 참석하게 된 한 모임이었다. 어느 날 같은 직장에 다니던 친구가 영어로 성경을 공부하는 대학생 모임이 있으니 같이 가보자고 권했다. 몇 번을 거절했지만 친구의 끈질긴 권유에 못 이겨 모임에 한 번 참석해보기로 했다. 교회에 나갈 때도 그랬고, 교회에 나가지 않던 당시에는 더욱 성경공부에 별로 관심이 없었지만 영어를 공부한다는 말에 마음이 끌렸다. 그 당시 다니던 직장인 국제전신전화국에서는 외국과의 통신이 필요했기 때문에 영어를 잘 하는 것이 대단히 중요했다.

대학을 가지는 못했지만 영어 사용에 익숙하던 김인수는 '대학생들이 영어를 하면 얼마나 할까' 하는 얕보는 마음을 가지고 그 모임에 갔다. 그런데 15명 정도의 대학생들이 유창한 영어로 자유롭고 진지한 분위기 속에서 토의하고 있었다. 이를 본 그는 자신의 귀를 의심할 정도로 깜짝 놀랐다. 자신이 보고 접하던 세상과 전혀 다른 세상을 접하고서 마음에 큰 충격을 받았다. 그때부터 매주 열심히 모임에 나가 영어공부를 하기로 했다. 그렇게 참석하게 된 그 모임의 명칭은 죠이클럽(JOY Youth Club)이었는데, 오늘날 '죠이선교회'(JOY Mission)라 불리는 청년 선교단체의 모체이다.

매주 한 번씩 모이는 죠이클럽의 모임은 미국인 선교사의 설교, 회원들의 3분 스피치, 미리 정한 주제에 관한 영어 토론 등의 순서로 진행됐다. 한번 모일 때마다 장장 세 시간에 걸쳐 심도 있게 진행되었다. 하지만 김인수는 설교 내용이 그럴듯한 이야기이기는 하지만 그런 것은 마음이 약하고 자기 문제를 처리할 줄 모르는 사람에게나 필요한 것이라고 생각했다. 의지가 강하고 자기 일을 분명히 처리할 줄 아는 자신과 같은 사람에게 그런 메시지는 전혀 필요하지 않다고 결론내렸다.

그런데 왜 바보같이 예수를 믿을까?

1960년, 죠이클럽에 처음 갔을 때, 김인수는 사람들에게 자신을 소개하면서 "기독교인은 모두 위선자들"이라고 서슴없이 말했다. 대학생들이 영어를 해봐야 얼마나 하겠는가 하는 마음으로 그곳에

갔던 그였다. 유창한 영어 실력으로 죠이클럽의 사람들을 놀래켰던 그가 그런 날카로운 말을 던지자 클럽의 회원들은 또다시 놀랐다. 그날부터 죠이클럽의 세 사람이 김인수를 위해 이렇게 기도하기 시작했다.

"하나님, 김인수 씨가 예수님을 믿을 수 있도록 해주세요."

이렇게 기도하기 시작한 이들이 바로 클럽의 고문이었던 선교사와 한 자매, 그리고 김수지였다. 이들은 기도하는 그 사실을 김인수에게도 알려주었다. 그는 속으로 코웃음을 쳤다. 하지만 그와 동시에 한편으로는 마음속에 의문이 들기 시작했다. '그런데 저들은 왜 바보같이 예수를 믿을까?' 자기가 볼 때 회원 대다수는 명문대학에 다니며 영어를 유창하게 구사하는 사람들이었고, 결코 어리석거나 심약한 사람들이 아니었다. 또한 그들은 김인수가 예전에 교회에서 보았던 위선적인 교인이 아니었다. 삶의 가치가 분명하고 바르게 서 있는 사람들이었다. 그 점이 기독교 신앙에 대해 냉담하고 무관심했던 김인수의 마음에 작은 균열을 일으키기 시작했다.

기독교 신앙과 삶의 좋은 본보기가 되었던 회원들을 보며 그는 기독교에 대해 진지하게 고민하기 시작했다. 예수를 믿는 이유는 좋은 대학에 다니고 있는 저 똑똑한 친구들이 무언가를 잘못 알고 있든지 아니면 자신이 알아야 할 중요한 무언가를 모르고 살아왔든지 둘 중 하나였다. 이 고민은 김인수에게 있어서 작은 균열로 시작해, 점점 분명히 정리하고 넘어가지 않으면 안 되는 중대한 문제가 되어가고 있었다.

하지만 김인수는 이 질문을 해결해줄 누군가로부터 답을 얻기에 앞서, 지금까지 그래왔던 것처럼 자신의 의문에 대한 답을 스스로 찾고자 혼자 성경을 읽기 시작했다. 성경에 기독교의 진리가 담겨 있을 것이라고 생각했기 때문이었다.

과연 그러한가 하여

죠이클럽 모임에 영어공부를 위해 마지못해 참석한 해였던 1960년 12월 22일, 김인수는 군에 입대했다. 성탄절을 3일 앞둔 그날, 그는 신약성경 한 권을 들고서 논산훈련소에 입소했다. 매 훈련 사이 잠깐 있는 휴식 시간에도 성경을 읽었다. '하나님, 정말 당신이 계십니까? 일단 당신이 계신다고 가정하고 성경을 읽겠습니다. 참으로 당신이 계시면 내게 나타나 주십시오'라고 기도하면서 성경을 읽었다고 했다. 사실 예전에 주일학교에 다닐 때도 성경을 읽어보려던 적이 있었다. 하지만 신약성경의 첫 책인 마태복음 1장을 넘겨본 적이 없었다. 누가 누구를 낳았다는 지루한 이야기와 생소한 긴 이름들 때문에 성경 읽기를 멈출 수밖에 없었다.

그러나 이번엔 달랐다. 어릴 적엔 그토록 지루하고 생소했던 마태복음 1장을 청년 김인수가 읽고서 드디어 마태복음 2장으로 넘어가게 되었다. 그렇게 다시 손에 잡게 된 신약성경을 3개월 만에 독파하였고, 두 번째로 신약성경을 읽는 데는 불과 2개월밖에 걸리지 않았다. 훈련소에서 김인수가 어떻게 시간을 보냈는지는 아내로 평생을 함께 하게 될 김수지에게 보낸 1961년 2월 5일자 편지에 잘 나타나 있다.

"훈련 중에 50분마다 10분씩 휴식 시간을 갖는데, 그때 이곳 교회에서 빌려와 읽고 있는 성경 몇 구절이 더욱 가슴 깊이 파고듭니다. 더 절실히 성경의 진리 됨을 느끼게 됩니다."

김수지에게 보낸 1961년 2월 15일자 편지에는 미군과 합동 근무를 하는 한국군 부대에 배치를 받게 되었다는 얘기가 나온다. 이곳은 바로 미군 유류병참학교였다. 김인수의 성적으로는 용산 정훈학교에도 갈 수가 있었지만 그 당시 정훈학교는 상당한 연줄이 작용해야만 갈 수 있는 곳이었다. 정훈학교에 갈 만한 배경이 없었던 그는 자신의 영어 실력을 활용하기 위해 신병을 모집하고 있던 미군 유류병참학교에 지원하였던 것이다.

김수지에게 보낸 편지를 보면, 훈련소에 적응하는 데 한 달 정도의 시간이 걸렸던 것 같다. 왜냐하면 3월 13일자 편지에 "오늘부터 성경을 읽기로 했습니다"라는 표현이 나오기 때문이다.

그래도 그곳에서 훈련 받는 동안, 성경을 읽을 수 있는 시간이 상대적으로 많았다. 아마도 전투병과가 아니라 전투병과를 지원하는 병참병과였기 때문일 것이고, 미군과 합동 근무를 했기에 그랬을 것이다. 여하튼 김인수는 매일 시간이 나는 대로 읽고 또 읽어서 하나님의 말씀을 새기고 열심히 기도했다. 이것은 입대 전 김수지에게 했던 약속을 성실히 실천한 것이기도 했다.

김인수는 성경을 더욱 열심히 읽었다. 훗날 청년들에게 강의하면서, 자신이 군 생활을 시작한 지 1년 반 동안에 성경을 30번 정도는 읽은 것 같다고 했다. 신약성경 전체를 8일 만에 읽기도 했다. 오랜 기간 동안 천천히 공부를 하면 새로 배우는 것과 잊어버리는 것이 비슷하기 때문에 머리에 남아 있는 것이 별로 없는 데 비해, 단시일 내에 엄청나게 읽으니 공부가 많이 되었던 것 같다고도 했다. 김인수는 공부란 짧은 시간에 집중적으로 많이 해야 효과가 있다는 것을 그때 깨달았다. 그때만 해도 기억력이 대단히 좋았던 젊은 나이였기에 읽은 성경구절이 눈에 훤하게 남아 있었다.

성경을 반복해 읽으면서, 김인수는 성경의 깊은 가르침에 빠져들기 시작했다. 빨간 펜을 들고 마음에 드는 구절에 밑줄을 쳤다. 무슨 뜻인지 이해가 가지 않는 구절 위에는 물음표를 남겼다. 처음에는 도덕적이고 윤리적인 가르침에 밑줄을 쳤으나 점차 성경이 강조하는 메시지가 눈에 들어오기 시작했다고 훗날 말했다. 여러 번 읽다보니 물음표를 쳤던 부분에 대한 해답을 다른 구절에서 발견할 수 있었고, 그때마다 물음표를 지워 나갔다.

성경을 읽는 동안 김인수는 큰 노트를 하나 샀다. 성경 구절들의 뜻을 정리해서 앞으로 성경을 읽게 될 후배들을 도우려는 의도였다. 그때만 해도 신앙서적이 별로 없었던 때라 성경밖에 읽을 것이 없었는데 이것이 김인수에게는 도리어 큰 복이었다. 다른 사람들의 생각에 영향을 받지 않고 혼자 하나님 앞에서 말씀을 공부하는 방법을 터득하게 되었기 때문이다. 시간이 한참 지난 뒤 그는 서점에 나온 성구사전을 보고 나서 자신이 노트에 정리한 내용이 성구사전에 이미 있는 내용이라는 것을 알게 되었다고 한다.

말씀 안에서 찾은 확신

성경 읽기를 거듭하면서 기독교 신앙에 대한 확신은 점점 더 확고해졌다. 그럼에도 불구하고 자신이 죄인이라는 사실을 깨닫는 데는 시간이 걸렸다. 오랫동안 다른 사람들에 비추어 상대적 개념으로 자신을 바라보았기 때문에 자신이 불의한 죄인이라고 선언하는 성경 말씀에 쉽게 수긍하기가 어려웠다. 그러나 시간이 흐르면서 선과 악의 기준이 하나님이라는 사실을 생각할 때 사람의 도덕이나 윤리라고 하는 상대적 기준으로 죄가 결정되는 것이 아님을 깨달았다. 그래서 하나님 앞에서 우리는 본질적으로 죄인일 수밖에 없다고 확신하게 되었다. 자신이 죄인임을 인정하려 하지 않는 모습이야말로 자기가 죄인이라는 것을 보여주는 명징한 증거라는 것을 깨달았다.

그 다음으로 믿기 어려웠던 점은 2천 년 전 유대 땅에서 태어난 목수의 아들이 구주이시며 왕이라는 사실을 믿어야 한다는 것이었다. 김인수에게는 이 점이 납득되지 않았다. 하나님이 진정 그런 방식으로 일하셨다면, 사도행전 9장에서 예수님이 바울에게 나타났듯이 자신에게도 나타나 보여줌으로써 믿게 해달라고 계속 기도했다. 그러나 그에게 성경에서의 기적은 나타나지 않았다.

그런 고민 가운데 로마서를 읽게 되었다. 1장에서는 이방인이 죄인임을 선언하고 있고, 2장에서는 유대인도 죄인임을 선언하고 있었다. 그 다음에 나오는 3장 20-24절 말씀이 김인수에게 큰 깨달음을 주었다.

"그러므로 율법의 행위로 그의 앞에 의롭다 하심을 얻을 육체가 없나니 율법으로는 죄를 깨달음이니라. 이제는 율법 외에 하나님의 한 의가 나타났으니 율법과 선지자들에게 증거를 받은 것이라. 곧 예수 그리스도를 믿음으로 말미암아 모든 믿는 자에게 미치는 하나님의 의니 차별이 없느니라. 모든 사람이 죄를 범하였으매 하나님의 영광에 이르지 못하더니 그리스도 예수 안에 있는 구속으로 말미암아 하나님의 은혜로 값 없이 의롭다 하심을 얻은 자 되었느니라."(롬 3:20-24).

이 말씀은 김인수가 하나님을 믿게 된 가장 중요한 약속의 말씀
이 되었다. 하나님이 우리로 하여금 도저히 다 지킬 수 없는 율법을
통해 우리가 죄인임을 깨닫게 하신 다음 그리스도라는 새로운 길
을 통하여 하나님의 의에 이르는 차별 없는 길을 내셨다. 그것이 곧
"그리스도 예수 안에 있는 구속으로 말미암아 하나님의 은혜로 값
없이 의롭다 하심을 얻는 자"(롬 3:24)가 되는 것이라는 말이 이해가
되었다. 그 외에도 다른 여러 성경구절들이 그에게 구원의 확신을
갖게 하는 데 도움을 주었다.

인생의 동반자, 김수지를 만나다

성경에 대한 진지한 고민과 함께 군복무를 시작한 김인수는 김수
지와 편지를 주고받았다. 이 둘은 서신을 통한 교제를 이어가며 믿
음의 동역자요 인생의 동반자로서의 행보를 걷게 된다.

1960년 12월, 김인수는 군에 입대하게 되었다며 김수지에게 저
녁식사를 청했다. 그러면서 처음으로 자신에 대한 이야기를 했다.
체신고등학교를 졸업하고 한양대 물리학과에 입학했다가 가정 형
편상 1년 만에 자퇴하고 국제전신전화국에서 전신기사와 전화접수
요원으로 일하고 있다고 했다. 그 동안 죠이클럽의 회원들은 그가
워낙 영어를 잘했기 때문에 당연히 대학을 졸업한 줄로만 알고 있
었다.

김인수는 김수지에게 가난한 집안의 일곱 남매 중 둘째 아들로 태어나 먹는 것은 물론 교복도 사 입을 수 없어서 김천중학교 시절 남들이 동복을 입을 때 혼자 하복을 입고 다녔다는 말을 했다. 체신고등학교에 들어간 것도 학비면제뿐 아니라 학교에서 생활비까지 대주었기 때문이라고 말해주었다. 그것도 모자라 학기 중이건 방학 중이건 가리지 않고 아르바이트를 하며 동생들 학비와 생활비를 보태며 살아야 했다는 것도 말해주었다. 당시 이화여대 간호학과를 다니고 있던 김수지의 가정 형편 또한 다르지 않았기 때문에 그들은 깊은 교감을 나눌 수 있게 되었다.

대학생 김수지가 있기까지

김수지가 대학에 진학하게 된 과정은 김인수와 만날 당시 김수지의 형편이 어떠했는지를 알려준다. 어릴 때부터 간호사가 되고 싶어 했던 김수지가 고등학교 3학년이 되던 해에 북유럽의 핀란드, 노르웨이, 스웨덴 세 나라가 합작해 세운 국립의료원 간호대학이 국내에 생겼다. 그곳에 진학하면 전액 장학금으로 공부하고 생활비까지 지원 받을 수 있었기 때문에 김수지는 그 학교가 자신을 위해 생긴 곳이라는 확신을 가졌다. 그녀로서는 국립의료원 간호대학에 꼭 가야만 하는 절박한 상황이었다. 마치 김인수가 자신의 가정 형편 때문에 모든 비용을 제공해주는 체신고등학교에 가야 했던 것처럼 말이다.

그래서 김수지는 11월에 특차지원을 하기 위해 학교에 갔다가 '만 18세'라는 입학 자격 때문에 지원할 수 없음을 알게 돼 크게 낙심했다. 김수지의 생일이 12월이어서 지원할 당시 만 18세가 되지 않았던 것이다. 당시 담임 선생이나 교장은 김수지가 이화여대 영문과나 서울대 외교학과에 진학하길 권했다고 한다. 끝까지 간호사의 꿈을 포기하지 않은 그녀는 원서 접수 마감 기한 직전에 교장의 허락을 얻어 이화여대에 원서를 접수했고 합격통보라는 기쁜 결과를 얻었다. 하지만 또다시 시련이 찾아왔다. 1학년에게는 장학금을 지급하지 않는다는 것이었다. 등록금의 납기 기한은 합격 통지 후 3일 이내였지만 그녀는 돈이 없었다. 등록금을 낼 수 있는 가정 형편이 아니었다.

등록금을 마련하지 못해 입학을 포기하고 마음을 편하게 먹고 있던 중에 등록 마감일이 다가왔다. 그런데 그날 오후 생각지도 못했던 등기가 국제우편으로 도착했다. 발신자는 미국의 벨로우 씨 내외였다. 김수지가 고등학교 재학 시절에 유네스코와 숙명여고가 공동으로 주최했던 국제아동미술전람회에서 벨로우 씨 부인이 심사를 한 적이 있었다. 이것이 계기가 되어 벨로우 씨 부인이 김수지의 학교 미술 시간에 데생 강의를 했는데 공교롭게도 그날 영어 교사가 오지 못해 갑작스레 김수지가 통역을 하게 되었다. 예순이 넘도록 자녀가 없던 벨로우 부부는 이 일을 인연으로 김수지를 마치 딸처럼 아끼고 예뻐했다. 김수지를 집에도 초대하여 종종 왕래하며 가깝게 지내다가 그들이 미국으로 돌아간 뒤, 김수지에게 반가운 편지를 보내온 것이다. 대학 등록 마감일이라는 것도 잠시 잊을 정도로 기쁜 마음으로 급히 편지봉투를 뜯는 순간 무언가 바닥에 툭 떨어졌다. 수표였다. 금액은 1백 달러. "수지야, 지금쯤이면 네가 원하던 간호학교에 들어갔겠지?"라는 따뜻한 문안 인사와 함께 입학을 축하한다는 내용이 적혀 있었다. 대학에 가면 용돈이 필요할 테니 보태서 쓰라는 말과 함께.

그 당시 1백 달러는 용돈 정도가 아니라 등록금을 내고도 남는 돈이었다. 그래서 김수지는 수표를 들고 서대문의 조흥은행으로 급히 뛰어갔다. 등록금 납부 마감 시한인 5시가 얼마 남지 않은 때였다. 그런데 은행 직원이 수표를 보더니 한국은행에서 환전을 해와야 한다고 했다. 그래서 그녀는 다시 수표를 들고 소공동의 한국은행으로 뛰어갔다. 그런데 또다시 뜻하지 않은 난관을 만났다. 수표를 추심하는 데 한 달 이상이 소요된다는 것이었다. 그런 설명을 들었지만 김수지로서는 그 자리에 주저앉아 포기할 수 없었기에 망설일 틈도 없이 은행장실로 뛰어 올라갔다. 뒤쫓아 오며 만류하는 직원도 뿌리치고서 은행장실 문을 왈칵 열고 들어갔다.

갑작스레 뛰어 들어온 여학생의 얼굴을 보고 놀란 은행장이 무슨 일인지 물었다. 김수지는 자신의 다급한 사정을 이야기했다. 김수지의 이야기를 듣고 난 은행장이 말했다. "학생의 급한 사정은 알겠지만 아무리 급해도 추심을 하지 않고 돈을 줄 수는 없습니다." 그 말을 듣고 맥이 풀려 눈물을 쏟으려던 김수지에게 은행장은 이어서 이렇게 말했다. "그 대신 내가 학생에게 먼저 돈을 줄 테니 나중에 추심이 되면 그때 갚도록 하세요."

그렇게 해서 받은 돈이 13만 환이었다. 예의를 갖춰 감사 인사를 건넬 겨를도 없었다. 등록금 납무 마감 시한에 맞추려면 또다시 뛰어야만 했다. 숨이 턱까지 찬 상태로 은행에 도착한 김수지는 간신히 마감 시간 안에 등록을 마칠 수 있었다. 입학금을 내고 남은 돈으로 교과서를 사고 입학식 때 입을 원피스도 한 벌을 샀는데 그녀는 그 원피스를 12년 동안이나 입었다.

김인수의 길과 김수지의 길이 만나다

고등학교를 졸업한 김인수와 대학생이 된 김수지의 길이 어떻게 만날 수 있었을지 사람의 생각으로는 짐작할 수도 없을 것이다. 김인수의 길과 김수지의 길이 만난 곳은 죠이클럽이었는데 어쩌면 그곳은 각자의 길이 잠깐 교차했다 엇갈리는 지점이 될 수도 있었을 것이다. 그런데 군입대를 앞두고 김인수와 김수지가 개인적으로 만나 저녁을 먹으면서 함께 나눈 이야기는 그들의 길이 점점 더 하나로 이어져 가고 있음을 보여준다. 가난한 와중에도 성실히 자신의 삶을 살았던 이들이 우연처럼 한 장소에서 만나게 되었고, 서로의 이야기를 나누기 시작했을 때, 그들은 서로 깊이 공감할 수 있게 되었다. 이 두 사람의 깊은 교감은 단순히 고생스러웠던 이전의 삶으로부터 나아진 현재의 상황에 대한 공감을 뛰어넘는 것이었다.

여기서 놀라운 점은 그 길이 결국엔 하나님의 말씀을 통해 이어지게 된다는 점이다. 냉소적이었던 김인수의 마음은 죠이클럽 회원들로 인해 조금씩 바뀌어갔다. 겨우내 얼어붙은 얼음이 봄볕에 조금씩 녹는 것처럼. 이제 김인수는 하나님을 진지하게 알아가고자 노력하기 시작했다. 그런 김인수 곁에 그를 위해 기도하는 김수지가 있었다. 김수지는 간호사의 꿈을 품고서 희망 가운데 한걸음씩 내딛는 중이었다. 김수지는 자기에게 소망을 주신 예수님을 김인수도 알게 되기를 진심으로 바라고 있었다.

김인수가 군에 가던 날, 김수지는 그에게 시편이 있는 신약성경 책과 실과 바늘을 선물로 주었다. 그 이듬해 2월, 김수지는 첫 휴가를 나온 그를 다시 만났다. 그는 성경을 줘서 고마웠다고 하면서 훈련을 받다가 쉬는 시간마다 성경을 읽었는데, 옛날에 자기가 알던 기독교와 다르더라고 했다. 그러면서 올해가 자신이 구원받는 해가되게 기도해달라고 부탁했다. 이후 김인수는 인천 송도에 있는 미군 유류병참학교에서 행정직을 맡은 덕분에 주말마다 외출을 나올수 있었다. 외출을 나올때마다 김인수는 어김없이 김수지를 찾았다. 그들은 서울역에서 만나 광화문, 경복궁 앞을 지나 덕수궁 법원길을 거쳐 다시 서울역으로 걸었다. 만날 때마다 성경 말씀을 읽고 이야기했으며, 거의 매일 편지를 주고받았다. 그렇게 5년간 주고받은 편지가 무려 2,400통이었다.

나의 사랑, 나의 어여쁜 자야, 일어나 함께 가자

그런 점에서 김인수와 김수지, 이 두 사람의 길이 하나로 이어지는 과정은 하나님께서 신실한 가정을 이루도록 하나님의 사람들을 어떻게 이끄시는지 잘 보여준다. 이런 하나님의 인도하심에 김인수와 김수지가 사랑으로 응답하는 모습은 연애하는 6년 동안 주고받은 편지에 오롯이 담겨 있다. 이 편지들은 『우리들의 아가서』(솔라피데)라는 제목으로 출간되었다. 이 편지 속에 담긴 그들의 목소리를 직접 들어보면 그들이 어떻게 말씀으로 굳게 세워져 갔는지, 어떻게 일상의 삶 속에서 신앙을 확고히 자리잡아 갔는지 알 수 있게 된다.

김인수가 입대할 당시 그의 어머니는 늑막염으로 고생 중이었고, 가족을 책임질 사람이 마땅치 않아 어려운 상황이었다. 그래서 김인수의 막내 여동생이 "작은 오빠가 빨리 제대하게 해주세요"라고 계속 기도했다고 한다. 당시 가족의 어두운 상황의 일면이 편지에 담겨 있다.

"혹시 누가 면회 올까 하여 교회에도 안 가고 어린아이처럼 기다렸습니다. 요즘 어머니마저 늑막염으로 누워 계셔서 실은 찾아올 만한 사람은 하나도 없는데 말입니다." (1961. 1. 29. 인수)

그때쯤 김수지는 가족에 경사가 생겼다는 소식을 전했다. 김수지의 어머니가 건강한 사내아이를 출산해 7남매가 되었다고 했다. 하지만 책임감도 더 커진다고 솔직히 고백했다.

"동생이 더 생겨서 기쁘기도 하지만 한편으로는 어깨가 무거워지는 느낌입니다." (1961. 1. 30. 수지)

김인수나 김수지나 식구들에 대한 책임감을 무겁게 느끼기는 마찬가지였다. 그러나 그들의 편지는 그들이 그런 환경적인 어려움보다 하나님과의 관계에 마음을 쏟고 있음을 보여준다. 김수지는 기도의 필요성을 말하면서 성경을 열심히 본다는 김인수의 소식에 기뻐한다.

"인수 씨 어머님께서 늑막염으로 고생하신다고요? 좀 더 자세히 알려주세요. 우리는 하나님께 기도하는 사람이 되어야 합니다… 고된 훈련 중에도 쉬는 시간 10분을 성경 보는 시간으로 이용하신다니, 기쁩니다" (1961. 2. 1. 수지)

이즈음 김인수는 성경이 진리임을 더욱 절실히 느껴 가고 있었다.

"이곳 교회에서 빌려와 읽고 있는 성경 몇 구절이 더욱 가슴 깊이 파고듭니다. 더 절실히 성경의 진리 됨을 느끼게 됩니다."
(1961. 2. 5. 인수)

"매일 시간이 나는 대로 읽고 또 읽어서 내 머릿속에 하나님의 말씀을 새기겠습니다. 또 열심히 기도하기로 했습니다. 이런 변화 뒤에는 항상 수지의 격려와 기도가 나를 북돋워주고 있답니다."
(1961. 3. 13. 인수)

"온종일 시간만 있으면 성경을 읽었더니 전우들이 '성경을 몇 번이나 읽었나? 저렇게 읽으면 다 외우겠어'라고 말들이 많아, 얼굴이 뜨거웠습니다. 그전에도 몇 번 성경을 읽기 시작한 일이 있지만 한 번도 끝까지 정독하지는 못했기 때문입니다." (1961. 3. 14. 인수)

김인수의 말처럼, 김수지는 김인수가 하나님의 말씀을 붙잡고 기도하도록 격려하며 함께 기도하고 있었다.

"인천까지 기차로 1시간 걸린다고 하셨지요? 그 시간 동안 무슨 생각을 하실까요? 오늘 들은 성경 말씀에 대해 생각하시겠지요. 그 말씀들이 인수 씨 마음을 움직일 것으로 믿고 기도하겠습니다. 야고보서 5장 16절에 '서로 기도하라 의인의 간구는 역사하는 힘이 많으니라'고 말씀하셨습니다." (1961. 3. 18. 수지)

"하나님께서는 저의 간구를 들으시고 그대로 이루어주셨습니다. 지난 주일 인수 씨와 헤어진 뒤 제 머릿속에서는 인수 씨를 위한 기도가 떠나지 않았습니다.

'설교 말씀이 인수 씨의 마음속에 새겨져 마음을 하나님께 향하고, 모든 것을 고백하는 하나님의 귀한 아들이 되게 해 주십시오.'
그저께 새벽에는 몸이 피곤했는지 15분이나 늦게 일어났습니다. 그냥 자려니까 마음에서 이런 소리가 들려왔습니다.
'지금 이 시간을 잠자는 데 허비하면 귀한 생명 하나를 잃고 말 것이다. 지금 드리는 기도가 큰 힘이 되어서, 너의 인수가 하나님의 귀한 일꾼이 될 것이다. 어서 자리에서 일어나 기도하라. 빨리!'"
(1961. 3. 22. 수지)

신앙에 있어서는 더욱 굳건해져 가고 있었지만 사랑이 깊어질수록 두 사람은 불안해졌다. 그러한 불안 가운데서도 김수지는 말씀을 붙들려 했다. 그리고 김인수는 김수지에 대해 자신의 어머니에게 말씀드려 교제해도 좋다는 허락을 받았다.

"제가 꼭 죄인같이 느껴집니다. 부모님 몰래 인수 씨와 사랑을 나누고 있으니 말입니다. 언젠가는 말씀드리려고 했지만, 더 이상 불안해서 숨길 수가 없습니다. 내일 인수 씨께 물어보고 말씀드릴 생각입니다. 인수 씨도 집에 알리세요. 그러면 더욱더 떳떳하게 만날 수 있겠지요." (1961. 3. 31. 수지)

"우리 사이를 위협하는 많은 것들로 인해 더욱더 하나님께 가까이 가게 됩니다. 인수 씨, 용기를 잃지 마세요. 저도 끝까지 힘을 내겠습니다.
다윗은 시편 4편 3절에서 이렇게 노래했습니다. '내가 부를 때에 여호와께서 들으시리로다.' 일개 목동에 지나지 않는 다윗의 부르짖음을 들으신 하나님께서 후에 그를 이스라엘의 왕으로 세우셨잖아요? 하나님 앞에서 연약하고 보잘것없는 우리지만, 마음을 다해 도움을 구할 때 우리를 도우시고, 우리를 통해 하나님의 뜻을 이루실 것입니다." (1961. 4. 4 아니면 1961. 4. 5. 수지)

"오늘 아침 어머니께 수지에 대해 상세히 말씀드렸습니다. 여러 가지를 물으셨습니다. 수지는 결국 합격됐습니다." (1961. 4. 8. 인수)

사실 김인수 가족보다는 김수지의 가족이 둘의 교제를 반대하고 있었다. 그래서 김수지의 삼촌이 김인수를 먼저 만나보기로 했다.

처음에는 두 사람의 교제를 못마땅하게 생각했지만 김인수를 만난 뒤 생각이 바뀌었던 모양이다.

"오늘 만났던 삼촌의 인상이 퍽 좋았습니다. 우리 사이를 좋게 생각해서 이해해주시고 더욱이 도와주시기까지 하니 고마울 따름입니다."(1961. 4. 16. 인수)

"하나님께서 우리의 기도를 들어주셨습니다. 삼촌이 그렇게 호의적이실 줄을 상상도 못했습니다. 삼촌께서는 인수 씨가 첫눈에 꼭 드신 모양입니다. 부모님께 어떻게 말씀드렸는지는 알 수 없으나, 제게는 무척 상냥하십니다. 이제는 떳떳해졌습니다. 남은 것은 우리의 태도입니다."(1961. 4. 16 수지)

김인수, 김수지 두 사람이 점점 더 가까워지는 동안 김인수는 집안이 힘을 받을 수 있기를 바랐지만 가족의 어려움은 여전했다.

"이제 조금씩 다시 우리 집에도 빛이 비쳐오는 것 같습니다. 투기성 사업을 하기 때문에 잘하면 한 달에 수십만 원을 벌지만 잘못하면 곧잘 망쳐버리기 일쑤인 형님 사업이 잘돼서 지금 있는 채무의 반을 청산했습니다. 내가 다음 달 계를 타게 되면 채무를 청산할 수 있을 것 같습니다. 내가 제대한 후 외국에서 공부할 수 있도록 여비

라도 장만해보시겠다는 형님께 고마움을 느낍니다." (1961. 5. 13, 인수)

"소아마비일 거라던 정자는 세브란스 병원에서 아니라고 판명됐습니다… 그뿐 아니라 여학교 다니는 동생은 비타민 부족으로 등뼈가 굽어 학교도 못 나가고 누워 있답니다. 늑막염으로 쇠약해지신 어머니가 그 애들 시중을 드느라 얼마나 고생을 하시는지 모른답니다. 이 동생들을 위해 기도해 주세요.
내일 편지에는 우리 집에 관해서 말씀드리겠습니다. 가족이 몇 명이나 된다는 것조차 말을 안 해주었다니, 내 정신을 의심할 수밖에 없습니다. 장차 한 가족이 될 텐데, 그렇지요?" (1961. 6. 1, 인수)

그런 와중에도 두 사람은 하나님을 기쁘시게 하는 사람들이 되자고 서로 권했다. 그러면서 만날 때마다 함께 예배를 드리기로 마음을 모았다.

"인수 씨, 비록 우리가 떨어져 있지만 꼭 하나님을 기쁘시게 하는 일을 하도록 해요. 선한 일을 해서 느끼는 그 기쁨이란 정말 다른 어느 기쁨보다 더 큰 기쁨입니다." (1961. 5. 20 수지)

"우리 둘만의 예배를 드리자는 제안, 정말 좋습니다. 하나님께서 우리의 믿음을 축복해주실 겁니다." (1961. 6. 13, 인수)

1961년 10월 3일자 편지에는 김인수가 군대에서 온 마음을 쏟았던 중요한 일, 후에 은하수 학교가 된 은하수학교 설립에 대한 이야기가 나온다. 이 은하수학교는 조개잡이로 살아가는 송도 해변마을에 사는 아이들 중 돈이 없어 제 때에 학교를 다니지 못한 아이들을 위해 만든 중학교 과정이었다. 이 이야기를 들은 김수지는 함께 하나님 앞에서 가치 있는 삶을 살아가자고 다짐했다.

"계획했던 은하수학교 강의는 내일부터 시작합니다. 부대에서는 퇴근 후 아이들을 가르치는 것을 허락해주었고 면회 막사를 교실로 사용하도록 배려해주었습니다.
앞으로는 초등학교 과정도 나오고 아직 중학교에 가지 못한 아이들을 위해 중학교 과정도 만들까 합니다. 이런 중학교를 할 수 있는 장소를 교회에서 얻을 수 있을지 알아봐야겠습니다. 이 일을 위해 기도해 주세요." (1961. 10. 3. 인수)

"조금 전 3시간 강의가 끝났습니다. 오늘은 첫 시간에 산수, 그 다음에는 국어, 그 다음에는 내가 총체적인 공부를 시켰습니다. 숙제를 내줬더니 다 잘해왔습니다. 정말 놀랐습니다. 시간이 늦다고 저녁을 굶고 온 학생도 있었습니다. 수지, 나로 하여금 이렇게 가치 있게 살도록 하신 하나님께 감사드립니다.
이제 곧 중학교 과정도 개교될 것입니다. 처음엔 이 일을 아무도 모르게 하려고 했는데 지금은 '이 일을 죠이에 가서 보고하고 우리가 가치 있게 살 수 있는 길이 얼마든지 있다는 것을 알리는 것은 어떨까?' 라는 생각을 해봅니다. 아직 이 문제에 대해서는 결정을 안 했습니다." (1961. 10. 10. 인수)

"인수 씨, 하나님께서 주신 우리의 삶을 정말 가치 있게 살도록 해요." (1961. 10. 12. 수지)

김인수가 은하수학교를 준비하는 동안 김수지는 자신의 삶을 가치 있는 삶이 되도록 이끄시는 하나님의 손길을 다시 경험하게 된다.

"또 하나의 기적이 일어났습니다. 어제 오후 학과장님께서 사진까지 붙여서 영문 편지를 한 통 써오라는 것입니다. 그래서 오늘 아침 편지를 가지고 갔더니 한미재단에 다녀오라며 무슨 편지를 주셨습니다.
한미재단의 비서실 문을 노크할 때 저는 약간 떨리고 흥분되어 있었습니다. 제가 쓴 영문 편지를 보고선 혼자 썼느냐고 묻더군요. 조금 후 미국인이 나오면서 저더러 미스 김이냐고 물었습니다. 저를 알고 있다는 것이 의아했습니다 그분은 대화 중에 이런 말씀을 하셨습니다.

'이런 거액을 한꺼번에 한 사람에게 주는 것은 우리들도 처음입니다. 그러나 그 돈을 보내는 사람의 뜻이 그러니 한꺼번에 다 줄 수밖에 없군요.'

저는 무슨 일인지 궁금해서 죽을 지경이었습니다. 제 심정을 한 번 상상해보세요. 그분은 공부를 열심히 하라면서 한미재단에 종종 들르고, 또 돈을 보내준 부인께 편지를 자주 하라고 말씀하시고선 안으로 들어가셨습니다. 한참 있더니 한국인 비서가 수표를 건네 주었습니다.

'한화로 찾아서 일단 학과장님께 드리고 의논하세요.'

저는 그곳에서 수표를 펴볼 엄두가 나지 않아서 인사를 하고 밖으로 나와서야 비로소 펴봤습니다.

'김수지, 259달러.'

인수 씨, 꼭 꿈만 같았습니다. 학과장님께 와서야 상세한 내용을 알았습니다. 제가 장학금을 타게 된 것입니다. 100달러만 있어도 한 학기 등록금을 내고 책도 살 수 있는 큰 돈인데, 이렇게 많은 장학금을 받다니 참으로 감사합니다. 너무나 거액이어서 얼떨떨합니다. 아무튼 하나님께서 가치 있게, 하나님의 뜻대로 쓸 길을 열어주시리라 믿습니다.

저는 어제 장학금을 보내주신 분에게 이렇게 편지를 썼습니다.

'저는 육체적으로 또 영적으로 도움이 필요한 사람을 돕는 사람이 되고 싶습니다. 정말 저는 그렇게 되기를 소원하며 노력하고 있습

니다.'" (1961. 10. 7, 수지)

김인수는 김수지가 기도로 도와줄 것을 요청하면서, 자신이 지금 하고 있는 일이 하나님의 일이라는 것을 믿는다고 말했다.

"수지의 간절한 기도가 필요합니다. 나는 믿습니다. 이것이 하나님의 일이라는 것을. 그리고 하나님께서 처음부터 끝까지 주관하실 것임을." (1961. 11. 3, 인수)

김인수가 시작한 은하수학교는 아이들이나 동네 주민들에게 큰 호응을 얻었다. 김인수의 전우 한 명이 말한 것처럼, 상록수 이야기 같았다.

"우리들이 하고 있는 이 일이 동네에서 큰 화젯거리인가 봅니다… 어젯밤 잠을 자려는데 한 전우가 '김형, 힘들죠?' 하고 묻더군요. 그래서 '아닙니다. 처음에는 힘들었지만 요사이는 피곤하더라도 재밌습니다'라고 대답했습니다. 그랬더니 '정말 꼭 상록수 같구려' 하더군요. 우리 부대원들이 나를 '불침번'에서 빼기로 상의했다나 봅니다. 나를 이해해주는 그들에게 감사하고, 나를 지켜주시는 주님께 감사드립니다." (1961. 11. 8, 인수)

김수지는 그 학교가 그리스도의 사랑을 전하는 통로가 되기를 바랐고, 자신이 도울 수 있는 일이 있으면 도우려 했다.

"기쁩니다. 당신께서 계획하신 것보다도 더 잘되어 간다니 모든 것에 대해 하나님께 감사를 드리지 않을 수 없습니다. 제가 바라고 기도하는 것은, 그 학생들과 가르치는 선생님들이 그런 기회를 통해 그리스도의 참사랑을 체험하고 그 사랑을 전해줄 수 있는 마음을 기르는 것입니다." (1961. 11. 10, 수지)

"저보고 은하수 학교의 교가를 작사하라고요? 사실은 저도 당신으로부터 은하수 학교에 대한 얘기가 나왔을 때부터 생각하고 있었답니다 그러나 당신도 알다시피 너무 소질이 없어 감히 하겠다고 나서지 못했었습니다." (1961. 11. 17, 수지)

김인수가 김수지를 만나 서로를 깊이 알아가게 된 것은 1960년 11월의 일이었다. 그래서 거의 1년이 되어가는 시점에 김인수는 두 가지 감사의 제목을 열거하며 하나님께 감사했다. 이에 김수지도 김인수처럼 특별한 사람을 만나게 해주신 하나님께 감사하다고 했다.

"정말 지난 일 년 동안엔 하나님께 감사드릴 일이 많았습니다. 첫째, 당신을 만나게 해주신 것, 지금 가만히 생각해보면 수지와 가깝게 지내기 시작한 것도 작년 이때쯤인 것 같습니다…

둘째, 군에 오도록 해주신 은혜입니다. 군대에 입대함으로써, 내 과거의 모든 생활에 종지부를 찍고 모든 생활방식과 사고방식까지 다 새롭게 해주셨습니다 수지가 나를 위해 기도할 기회를 갖게 된 것도 내가 군대에 왔기 때문일 것입니다. 그 후 나로 하여금 다시 거듭나게 하시고, 나의 돕는 배필로 당신을 정해주시고, 또 육신의 부모님들의 허락을 받게 하셨습니다. 또한 나로 하여금 이곳에 오게 하시고, 하나님을 위해 일할 기회를 내게 주신 것들을 생각할 때, 정말 하나님께 감사드리지 않을 수 없습니다." (1961. 11. 19, 인수)

"당신처럼 특별한 사람을 만나게 해주신 하나님께, '감사합니다!'라는 말밖에 달리 무슨 말을 해야 할지요." (1961. 12. 16, 수지)

"당신과 온 식구들과 같이 지낸 지난 이틀간은 한순간 한순간이 꿈만 같은 행복한 시간이었습니다.

특히 어젯밤, 하늘의 별들을 바라보며 흐르는 강물 소리를 들으며 당신과 같이 있었던 그 몇 시간은 잊지 못할 기쁨의 시간이었습니다. 집에 돌아와서도 동생과 제 앞에서 은하수 학교에 관해 그칠 줄 모르고 얘기하시는 당신을 생각하며 저는 하나님께 감사드리지 않을 수가 없었습니다. 모든 것을 가능하게 해주신 그 은혜를 생각하며 저는 감사의 말을 찾지 못해 하나님께 가르쳐달라고 묻기도 했

습니다. 하나님의 축복을 받은 당신을 사랑하는 것이 자랑스럽습니다. "(1962. 1. 3. 수지)

1962년 1월이 되자 김인수에게는 은하수학교에 대한 책임감이 커졌다. 실력을 더 쌓아야 되겠다는 생각도 하게 되었다.

"어제 어느 친구가 학교 구경을 왔다가 깜짝 놀랐습니다. '김형, 상록수라는 영화 그대로입니다. 그런데 김형, 선생님이 제대하면 이 많은 학생들을 다 어떻게 하죠?' 나는 금방 대답을 못했습니다. 글쎄, 아마 내가 이곳을 곧장 떠나지는 못할 것 같습니다. 이 아이들에게 공부 못잖게 다른 정신적인 공부도 시켜야 하니까요. 무엇보다 중요한 것은 얘들의 장래가 아니겠어요?

이 아이들과 정이 두터워지면 두터워질수록 내 고향과 내가 살 곳이 여기가 될 것만 같이 느껴집니다. 그렇지만 좀 더 잘하기 위해서는 나 자신을 실력 면에서 좀 더 길러야 할 것입니다. "(1962. 1. 19. 인수)

이 무렵 김수지의 가정에 큰 변화가 찾아왔다. 김수지의 아버지가 교회에 나가기로 한 것이었다. 그래서 김수지는 아직 신앙을 갖지 못한 자기 가족들을 위해 기도해달라고 했다.

"지금은 밤 10시 20분입니다. 8시 40분경에 집에 왔는데 지금까지 아버지와 이야기를 하다가 이제야 당신께 글을 쓰게 되었습니다. 인수 씨, 굉장히 기쁜 일이 있습니다. 제 아버지께서 이번 주일부터 교회에 나가시기로 했습니다. 기적이라고 할 수 있을 만한 사건입니다. 제 아버지처럼 하나님을 극구 부인하는 사람도 아마 없을 것입니다. 그러시던 분인데, 지난 몇 년간 세상에 시달리고 친구라고 믿었던 분에게 배반을 당하는 등 여러 가지 어려운 일을 겪게 되면서 인간이란 신을 찾을 수밖에 없다는 사실을 깨달으셨나 봅니다." (1962. 1. 26, 수지)

김수지가 아버지의 일로 흥분되어 있는 동안, 김인수는 부대 이동으로 인해 자신이 운영하는 은하수학교 문제로 큰 고민에 빠졌다. 그런데 의외로 도움의 손길들을 이내 만날 수 있었다.

"내가 있는 부대가 멀지 않은 장래에 옮겨질 것 같습니다. 거의 확실한 사실입니다… 가장 큰 문제는 따로 있습니다. 우리가 옮겨가게 되면 당장 지금 초등학교로 사용하고 있는 건물도 헐게 될 텐데, 이 90명 정도의 학생을 어디에다 모아놓고 계속 학교를 운영할지… 현재로는 전혀 희망이 없습니다.

모든 것을 어떻게 해야 할지 단지 하나님의 처분만을 기다리면서 기도하는 수밖에 없습니다. 이 많은 학생들과 송도의 부흥을 위해 하나님의 지극하신 은총이 있기를 간절히 기도하는 길밖에 없습

니다." (1962. 1. 30. 인수)

"지금 막 하나님께 감사 기도를 드리고 편지를 씁니다. 우리가 매일 저녁 남아서 간절히 기도해왔고, 당신과 여러 사람들이 이 일을 위해 기도해주었기 때문에 미쁘신 하나님께서 우리의 간구를 들어주시는 것 같습니다.

오늘 저녁 수업에 들어가기 전에 방공학교에 계시는 군목님을 만나서, 우리 부대의 이동으로 생기는 여러 가지 문제에 대해 얘기하게 되었습니다. 주로 대지, 건물 등에 관한 것이었는데, 방공학교의 사령관이신 대령님(교회의 집사님)이 힘써 노력해주겠다고 했다는 말씀(이 분이 서울의 사령부에 가서 교섭하여 얻으려는 것임)을 들을 수 있었습니다. 어쩌면 걱정하던 건물을 얻을 수 있을 것 같습니다. 월요일 군목님께서 함께 그 대령님을 직접 만나서 상세하게 토론하여 힘을 써보자고 했습니다. 내가 기대했던 것보다 엄청나게 희망적이라 정말 하나님께 감사드리지 않을 수가 없습니다.

이제 머지 않은 장래에 아담한 교실에서 정복 정모를 착용한 은하수 중학생들을 볼 수 있게 될 것 같습니다. 한국에서 하나밖에 없는 무료중학교를 세워 보겠습니다. 하나님의 특별한 종들을 세울 '은하수 중학교'를 만들어보겠습니다. 기도해주세요." (1962. 2. 23. 인수)

그러나 정작 아이들의 교육에 걸림돌이 되는 건 환경이 아니었다.

아이들 부모의 사고방식이 더 문제였던 것이다. 김인수는 은하수 학교를 운영하는 동안 자신의 진로를 고민하기 시작했다.

"이 마을에는 아직도 길가에서 장난이나 하며 소일하는 아이들이 많았습니다. 정말 한심한 노릇입니다. 글보다는 한 톨의 쌀이 더 중요하다는 사고방식 때문에, 일이 없으면 놀고 일이 있으면 일이나 하면 되지. 추운 밤에 무슨 병이 들었다고 돌아다니냐는 것이 부모들의 고리타분한 생각이었습니다. 가정 방문을 하면서 아이들의 사상의 근원이 되는 부모님들이 너무나 우매하다는 것을 다시 한 번 느꼈습니다.

오후에는 읽고 있던 『덴마크 갱생 운동사』를 계속 읽었습니다. 얼마나 배워야 할 것이 많은지 다 말할 수 없습니다. 이 책을 읽는 동안 내 진로가 바뀌어지는 것 같았습니다. 신학이나 사회사업 쪽으로." (1962. 2. 27. 인수)

그와 동시에 김인수는 사회와 교회의 어두운 면에 대해 비판적 생각을 하기 시작했다. 그리고 그런 문제들 때문에라도 젊은 자신이 정신을 차려야 한다고 스스로를 독려했다.

"『완전한 변화』라는 작은 책자를 읽었습니다. 이 책에 한 신부가 어느 날 아침, 자기 마음에도 없는 '마리아'에 대한 설교를 했는데, 들는 사람은 눈물을 흘렸고 주교는 그 신부를 칭찬했다는 내용이 있습니다. 실제 자신은 믿고 있지 않은 것을 명구들을 인용하여 듣는 사람들을 사로잡으려는 교단의 설교는 허다할 것입니다.

나도 간혹 설교를 들으며 설교하는 목사님은 그것을 믿고 설교하는 것일까 하고 의심할 때가 있습니다. 남들 앞에서는 자기가 가장 하나님의 은총을 독차지한 종처럼 지껄이면서, 강단만 내려오면 하나님의 이름조차 모르는 사람처럼 행동하는 위선자가 얼마나 많을까 생각하니 한심할 따름입니다.

혹 수지는 나를 보고 너무 비판적이라고 할지 모르지만 『완전한 변화』라는 소책자에 나온 것 같은 이야기는 이 사회에 많을 것입니다. 남이 알세라 전전긍긍하며 감추려고만 하지 말고, 과감하게 부패를 뜯어고치려면 이단자로 낙인 찍히고 마는 사회지만, 이런 때일수록 젊은 사람은 정신을 차려야 할 것입니다." (1962. 3. 13, 인수)

그렇게 김인수가 진로에 대해 고민하는 동안 김수지는 나이팅게일 서약문을 보며 자신의 마음가짐을 다잡았다. 그리고 얼마 뒤 진행된 가관식 나이팅게일 선서에서 큰 감동을 받았다고 김인수에게 말했다.

"오늘은 아마 제 평생 잊지 못할 날이 될 것입니다. 오후 3시 30분 정각에 예정대로 식이 거행됐습니다. 하얀 유니폼으로 아름답고 정중하게 단장한 저희 반 42명은 내빈들과 학부형들이 앉아있는 식전으로 입장해서 맨 앞에서 두 번째 줄에 앉았습니다. 찬송가 '겸손히 주를 섬길 때 괴로운 일이 많으나 구주여 내게 힘주사 잘 감당하게 하소서'를 부름으로써 식은 시작되었습니다.

……

'나는 나의 일생을 깨끗하게 살며 내 직무에 충실할 것을 하나님과 여기 모인 여러 사람들 앞에서 삼가 서약합니다. 남에게 해로운 일은 무엇이나 하지 않겠으며 해로운 약인 줄 알고는 자기나 남에게 쓰지 않겠습니다. 간호 사업 수준을 향상시키기 위하여 내 전력을 다하겠으며 직업을 통하여 내게 알려진 개인이나 가족의 비밀을 굳게 지키겠습니다. 나는 성심으로 의사와 협력하여 내게 맡겨진 모든 사람의 안위를 위하여 이 몸을 바치겠습니다.'

이 선서를 하기 직전에 알 수 없는 그 무엇이 마음을 움직여, 눈물이 솟구치는 것을 참느라 아주 혼이 났습니다. 제자리로 돌아와 촛불을 끄고 총장 선생님의 축사를 들었습니다. 그분께서 첫머리에 이런 말씀을 하셨습니다.

'그리스도를 믿는 사람이면 누구나 그분 같은 생활을 하기 원합니다. 그러나 마음으로 그것을 원하느냐 그렇지 않느냐가 문제가 아니라 실행하느냐, 안 하느냐가 중요한 것입니다.'"(1962. 5. 11. 수지)

은하수학교가 사용할 부지와 건물이 준비되어가자 김인수는 홍

분을 감추지 못했다.

"얼마나 멋이 있는지 당신한테 이 새로운 교사를 보여주고 싶습니다. 이제 진짜 학교 같습니다. 언젠가 시간이 있을 때 오세요. 6월이면 신입생도 모집하게 되어 세 개 반이 공부하게 될 테니 더 보기 좋을 것입니다." (1962. 5. 4, 인수)

한편으로 김인수는 가르치는 일의 즐거움을 발견하고 있었고, 다른 한편으로는 학교에서 선생으로서의 자신의 모습에 대해 돌아보았다.

"학생들은 자꾸만 많아집니다. 1학년 학생들은 지금 40명입니다. 굉장히 열심히 공부하려고 합니다. 그들을 가르치는 일이 참 재밌습니다." (1962. 6. 6, 인수)

"정말 가장 엄하면서도 가장 온유한 선생이 되고 싶습니다. 요즘은 이런 생각이 듭니다. 내가 너무 엄격해서 이러다가는 사랑을 배우는 학교가 아니라 무슨 수녀원의 원장처럼 되는 것이 아닌가 하는. 그래서 따뜻한 사랑을 느낄 수 있는 선생님이 되기 위해 몹시 조심하고 있습니다." (1962. 6. 22, 인수)

이처럼 은하수학교 일에 성심성의껏 임하는 김인수에게 김수지는 갈라디아서 6장 9절 말씀을 인용하며 격려했다. 그리고 시간을 정해 김인수를 위해 기도하겠다고 했다. 김수지가 여기서 인용한 갈라디아서 6장 9절은 김인수가 훗날 자신에게 매우 중요한 영향을 끼친 성경구절 중 하나라고 회고했다.

"인수 씨, 그 어려운 환경에서 어린 생명들을 가르치는 데 많은 난관이 있을 줄 압니다. 이 말씀을 드리고 싶습니다. '우리가 선을 행하되 낙심하지 말지니 피곤하지 아니하면 때가 이르매 거두리라.' (갈 6:9)
오늘부터 당신을 위해서 특별한 시간을 정해서 기도드리기로 제 마음에 작정했습니다. 아침 6시와 밤 10시에 하겠어요. 이 시간을 기억하시기 바랍니다." (1962. 8. 19. 수지)

이에 김인수는 다음과 같이 답변했다.

"내 생애를 다 바쳐 하나님의 일을 할 것을 결심했습니다." (1962. 8. 29. 인수)

그리고 김인수는 교회의 학생면려회를 개혁하기 시작했다.

"이곳 교회의 학생면려회를 내가 맡기로 했습니다. 학생회 전부를 완전히 고쳐야겠습니다. 일 단계로 임원을 개선하고, 각 임원의 할 일을 배당하고, 내가 할 수는 없겠지만 학생 성가대를 조직하려고 합니다. 잘 발전시켜서 학교 교사가 지어지면 이곳에서 십대선교회 모임을 가질 생각입니다. 이것을 위해 기도해주세요."

(1962. 9. 2. 인수)

김인수의 이 당시 편지를 보면 김수지가 우울한 모습을 많이 보인 듯하다. 그래서 이제 김인수 편에서 김수지를 격려하고 있었다.

"내가 사랑하는 수지는 얼굴이 지적이고 아주 맑은 인상을 주고 총명하고 명랑하고 순진하며 정열적인 처녀입니다. 그 수지가 자꾸 변해만 가는 것 같아 은근히 근심이 됩니다. 당신이 우울증에 휩쓸려 있는 원인을 충분히 이해는 하지만…

열두 살 때부터 온 집안생활을 어깨에 짊어지고 자랐던 나의 지난 생활과 지금의 생활을 생각해보면 내 개성까지도 변해버리는 것이 정상일 것 같은데, 이런 걱정을 늘 하지 않고 잘 잊어버리는 아주 편리한 습성이 나에게는 있습니다. 항상 명랑한 것이 좋습니다. 수지, 정말 부탁합니다. 하나님께 다 드리세요. 오늘 받은 당신의 편지 제일 밑에는 빌립보서 4장 13절 말씀이 적혀 있었습니다.

'내게 능력 주시는 자 안에서 내가 모든 것을 할 수 있느니라.'"

(1962. 10. 18. 인수)

김인수가 학교 건물 때문에 분주한 사이, 김수지는 모자 보건소 실습 기간에 사람들이 살아가는 현장의 모습을 통해 가난과 빈곤에 대해 가슴 아파 하고 있었다.

"오늘도 우유를 정해진 파운드대로 퍼주다가 아주 마음 아픈 일을 목격하여 지금까지도 마음 한구석에 섭섭한 감이 남아 있습니다. 남의 뜯어진 봉투 사이로 흘러내리는 우유를 손으로 받아먹다가 젊은 여자에게 멱살을 잡혔던 할머니, 그 우유가 아니면 자기 어린애가 굶어죽는다던 그 여자, 정말 마음 아픈 장면이었습니다.
가난과 빈곤 때문에 자기 어머니 같은 사람의 멱살을 잡고서 욕을 퍼붓지 않으면 안 되는 여자며, 또 자기 딸 같은 사람에게 멱살을 잡아뜯기는 할머니, 물질적인 가난 때문에 정신적인 면까지 황폐해지는 모습이 너무나 슬프게 여겨졌습니다. 규정을 어기면서까지 도와주고 싶은 충동이 일었습니다. 결국 많은 양을 퍼줘서 좋은 마음으로 보냈습니다." (1962. 11. 10. 수지)

학교의 일이 계획대로 진행되지 않자 김인수는 걱정 어린 말을 하면서도 편지를 통해 믿음으로 인해 흔들리지 않음을 보여주었다. 그러면서 김인수는 김수지를 통해 성경 말씀을 붙들게 하신 하나님께 감사드릴 뿐만 아니라 김수지가 자신의 믿음의 모델임을 고백했다. 그래서 김인수에게는 김수지가 필요했다.

"하나님께서는 나로 하여금 어렸을 때부터 많은 쓴맛을 보게 하시고, 세상으로 들어가는 것을 막기 위해 군에 들어가게 하시고, 당신을 알게 하기 위해 이곳으로 보내서 일을 주시고, 또 이 일을 통해서 서로 힘을 모으게 해주셨습니다. 교만하고 단단한 내 마음의 문을 당신을 통해 열어주시고 내 마음속에 주님을 영접하게 해주셨습니다.

내 신앙의 문은 솔직히 말해서 어느 유명한 부흥사나 목사의 설교, 신학자의 훌륭한 저서를 통해 열린 것이 아니라 당신의 손에 의해 열렸고 당신의 기도와 편지 그리고 성경에 의해 믿음이 자라왔습니다.

다른 것을 보고 다른 것을 들었을 때 생기는 회의도 당신의 기도와 편지에 의해서, 성경에 의해서 씻어질 수 있었습니다. 나의 신앙생활에는 당신이 필요합니다. 당신은 이미 내게 믿음의 본이 되어왔습니다." (1962. 11. 29. 인수)

제대 후에 학생들을 놔두고 도저히 서울로 돌아갈 수 없다고 생각할 정도로 은하수학교의 학생들을 사랑했던 김인수는 그러한 사랑에도 불구하고, 아니 그러한 사랑 때문에 학생들이 실력을 갖추길 원했다. 그래서 일정 기준 이하의 성적을 보여준 학생들은 내보내기로 했다. 그러는 한편 학생들이 좋은 환경에서 배울 수 있도록 공간 마련을 위해 애썼다. 전혀 예상치 못하게 미군 부대로부터 천막 여러 개를 얻게 되어 교실로 사용하게 되자 학습 분위기가 눈에 띄게 좋아졌다고 김수지에게 편지를 했다. 그러한 김인수의 모습에 김수지는 기쁨과 감격에 차 답장했다.

"오늘 당신이 수고하시는 은하수 학교를 돌아보고, 그들을 위해 애쓰시는 선생님들을 만나고, 또 방이나 수업하는 모습을 볼 때 그저 마음이 벅차고 기쁠 따름이었습니다. 환한 전등 밑에서 공부하고 있는 그들은 옛날보다 더 한층 생기 있어 보였고, 눈동자에서는 한창 학구열에 불타는 것을 볼 수 있었습니다. 저는 할 말을 잃었습니다. 확실히 하나님께서는 당신을 통해 그분의 계획대로 일해 나가고 계십니다.

인수 씨, 제대 후에도 그곳에서 주님께서 원하시는 대로 일하십시오. 당신도 말씀하셨듯이 만일 제대 후 그만두고 물러나신다면 하나님의 사업을 위함이라는 주목적은 허물어지고 맙니다. 제가 힘껏 돕겠습니다. 모든 일을 다 아시는 하나님께서는 우리 둘을 하나로 만들어주셨습니다. 계속 믿음을 가지고 우리가 해야 할 모든 부분에 충실합시다. 당신을 너무나 사랑하기 때문에 저는 어떻게 해서라도 힘이 되어드리고 싶습니다." (1962. 7. 17. 수지)

"모든 일이 잘 될지 그렇지 않을지는 모두 하나님께 달려 있다고 믿습니다. 우리는 그분이 인도하시는 대로 섭리하시는 대로 순종하며 따라갈 뿐입니다."(1962. 8. 30. 수지)

군에 있는 동안 김인수는 자신의 진로를 모색하며 김수지와 함께 공부할 날을 기다렸던 것 같다.

"당신 곁에서 공부할 날이 빨리 왔으면 좋겠습니다. 내 장래를 위해서 기도해 주세요."(1962. 10. 11. 인수)

"당신이 군복을 벗을 시기가 다 된 지금, 지난 3년간의 우리의 생활을 생각해보면 정말 '감사'밖에 없습니다. 당신과 제 신앙생활이 지금까지 이렇게 유지되고 우리의 사랑이 신앙 속에서 자라왔다는 것은 온전히 '하나님의 은혜'입니다. 당신이 다른 사람들처럼 무의미하게 외부의 힘에 눌려 의무라는 테두리 안에서 타율적인 군 생활을 한 것이 아니라, 다른 사람들에게나 자신에게 큰 도움을 주고 또 주님께서 맡겨주신 모든 사명을 환경이 허락하는 한 다하고 군 생활을 마치게 된 것을 진정 감사하게 생각합니다. 앞으로의 당신이나 제 생활이 염려되지 않는 것도 아니지만 지금까지 우리를 지켜주시고 우리 길을 인도해주신 하나님께서 앞으로도 같이 하실 줄 믿습니다.

오늘 편지에 쓰신 당신의 제대 후 생활 방향에 전적으로 찬성합니다. 앞으로의 우리 생활도 지난 3년 동안처럼만 한다면 일생 동안 기쁨과 행복 속에 지낼 수 있을 거라고 생각합니다. 서로 아껴주고 나 자신보다 상대방을 더 생각하고 또 생활바탕을 신앙 위에 세우고 좀 더 진전된 생활을 날마다 쌓아간다면, 분명 하나님의 축복이 우리 위에 있으리라 믿습니다.

지금의 저는 당신의 아내가 되기에 부족한 점이 많습니다 .하나님께서 짝지워주셨으니까 앞으로는 아내로서 부족함이 없도록 노력하겠습니다. 세상에 수많은 여자와 남자들 가운데 특별히 당신과 저를 만나게 해주신 데는 특별한 뜻이 있는 줄 압니다. 이 특별한 인연을 끝까지 엮어나가 우리가 이 세상을 사는 동안 또 하늘나라에 갈 때까지 아름답게 이어가도록 합시다. 이것이 우리의 할 일이라고 생각합니다.

은하수 학원에도 자주 들르겠습니다. 당신을 통해 뿌려진 밀알들이니까 잘 기르는 것 또한 우리의 할 일입니다. 항상 무슨 일이든지 당신과 관련된 일이라면 저도 함께 하고 싶습니다." (1962. 10. 11. 수지)

마침내 가정을 이루다

김수지는 대학 졸업과 동시에 이화여자대학교 부속병원에서 정식으로 간호사 일을 시작했다. 그러는 동안 김인수는 1963년 10월에 제대를 하고 다시 체신부의 말단 직원으로 돌아갔다. 하지만 김인수는 김수지와 함께 하나님이 주신 꿈을 키워가야 한다는 점을 잊지 않았다. 두 사람은 공부를 계속하기로 마음 먹었던 것이다.

그래서 1965년 김수지는 교환 간호사로 미국에 건너가 일을 하면서 로체스터 대학교(University of Rochester, New York)에서 대학원 석사 과정을 시작했다. 스스로의 힘으로는 유학길에 오를 수 없었던 김인수는 한미재단 장학생 선발 시험에 지원해 당당히 합격했다. 김인수와 김수지 두 사람은 그 이듬해인 1966년이면 미국에서 함께 공부하기로 한 꿈을 이룰 수 있을 거란 기대에 가슴이 부풀어 있었다. 그래서 김수지는 어렵게 공부하며 일하는 중에 모은 돈 2백 달러를 김인수에게 보냈다. 당시 한미재단 시험에 합격한 학생에게는 미국 선박 승선 요금을 할인해주는 혜택이 있어서 360달러에 미국을 갈 수 있었다. 그럼에도 불구하고 김인수는 김수지가 보내준 2백 달러 외에 160달러를 구할 길이 없어 유학을 포기해야만 했다.

김인수의 유학의 꿈이 좌절되고 김수지가 홀로 미국에서 공부를 이어가던 중에 얼마 안 가 김인수로부터 좋지 않은 소식이 김수지에게 또다시 전해졌다. 김인수의 모친이 안암(眼癌) 진단을 받았는데 당신 생전에 아들의 결혼식을 보고 싶어 하신다고 빨리 한국으로 돌아오라는 급보였다. 김인수는 유학길에 오르지 못한 아쉬움과 어머니에 대한 송구스런 마음, 그리고 김수지에 대한 미안한 마음 등 복잡한 심경을 소상히 적는 대신 "약속대로 나와 결혼할 것이면 유학을 포기하고 귀국했으면 좋겠다"는 짤막한 말로 김수지의 귀국을 종용함으로써 혼인을 서둘렀다.

김수지로서는 장학금을 받고 이제 막 시작한 공부였기에 유학을 접는 것에 대한 아쉬움이 컸다. 하루에도 몇 번이나 마음이 뒤집혔다. 고민을 거듭한 끝에 김수지는 김활란 선생에게 조언을 구했다. 김활란은 이렇게 답했다.

"내가 수지라면 귀국해서 결혼을 하겠어요. 공부는 나중에도 할 수 있지만 결혼은 때가 있고, 더구나 부모님은 기회를 놓치면 섬길 수 없기 때문이랍니다."

1966년 3월 25일, 결국 김수지는 1년의 교환간호사로서의 계약이 끝나자마자 수료증만 받은 채 미국에서의 공부를 중단하고 귀국길에 올랐다. 1966년 5월 14일, 두 사람은 김수지가 다니던 교회의 예배당에서 결혼식을 올렸다.

하지만 두 사람의 결혼이 양가의 축복 속에서만 진행된 것은 아니었다. 결혼식 당일에 있었던 일이다. 그날 아침, 김인수는 단벌 양복을 세탁해서 반듯하게 다려 입고 결혼식장으로 가는 버스에 올랐다. 그런데 공교롭게도 버스 안에서 장인이 될 김수지의 부친을 만났다. 김수지의 부친은 곧 사위가 될 김인수에게 눈길 한 번 주지 않고 그냥 빈자리에 앉았다. 김인수가 버스 요금을 대신 내려하

자 손을 뿌리치며 냉정하게 말했다. "그만두고, 자네 것이나 내!"

버스에서 내려서도 두 사람은 서로 멀찌감치 떨어져서 결혼 예식이 진행될 예배당에 왔다. 결혼식장에서의 태도 또한 마찬가지였다. 김수지의 부친은 딸의 손을 잡고 들어가 사위를 맞이하는 순간, 손을 거칠게 뿌리쳤다. 하객들이 그 광경을 보고 일제히 웃음을 터뜨렸으니 김인수 · 김수지 두 사람의 마음은 무거울 수밖에 없었다.

앞서 김인수와 김수지가 나눈 편지글을 통해 볼 수 있듯이, 김수지의 부모, 그 중에서 특히 김수지의 부친은 딸이 김인수와 교제한다는 것을 알게 된 순간부터 결혼하는 그날까지 계속해서 강력하게 반대했다. 2남 5녀 중 맏딸인 김수지에게 "너는 우리 집안의 맏아들 노릇을 해야 한다"는 말과 함께 "남자는 모두 도둑놈"이라고 했다. 반대하는 결혼을 고집하는 딸이나 내세울 것 없으면서도 고집스러운 사위를 생각하니 김수지의 부친은 마음이 더욱 불편할 수밖에 없었다.

결혼식을 앞두고 가족들은 물론 주변 사람들까지 김수지에게 "네가 지금 제정신이냐?"고 물었다. 어렵게 미국으로 유학까지 갔으면서 중도에 포기하고 돌아와 고졸 출신의 남자와 결혼한다고 하니 김수지를 아는 사람들로서는 그렇게 반응하는 것이 당연했을런지도 모른다. 특히 반대가 극심했던 김수지의 부친은 딸이 귀국하자마자 서울법대 졸업생을 남편감으로 대기시켜 놓고 선을 보라고 할 정도로 두 사람의 결혼을 만류하였다. 하지만 두 사람의 사랑과 믿음은 이전과 변함없었다.

김인수와 김수지는 양가의 가정 형편이 모두 여의치 않았던 상황을 고려해 양가 부모에게 그 어떤 도움도 받지 않고 결혼생활을 시작하기로 했다.

사랑함에도 불구하고

김인수 · 김수지 부부는 신혼여행도 제쳐두고 김인수의 모친을 보살피며 약수동 월셋방에서 신혼을 시작했다. 철제 캐비닛 한 개와 헌 책상 하나, 이부자리만 있는 곳이었다. 김수지는 그 단칸방이 이불을 깔면 몸을 움직일 수 없을 정도로 작은 방이었다고 한다. 게다가 김인수의 여동생 두 명이 문간방에서 함께 살게 되었다.

하지만 그들 부부에게 그런 환경이 문제가 되지는 않았다. 정작 문제는 다른 곳에 있었다. 첫날 밤 자려고 누운 부인 김수지에게 남편 김인수가 뜬금없이 말했다. 자다가 불이 나면 다락에 있는 큰 가방을 가지고 나가라고. 가방에 번호를 써서 꼬리표까지 붙여놓았다고도 했다. 그 말만 남기더니 이불을 머리까지 푹 뒤집어쓰고 곧바로 잠들어버렸다. 정신간호학을 전공한 김수지로서는 남편의 행동이 정상적으로 보이질 않았다. 남편이 강박증 환자가 아닐까 밤새 고민했다.

그 다음날 김수지가 차린 밥상 앞에서 김인수는 별로 감사한 기색도 없이 불만에 가득 찬 눈으로 식탁을 보더니 물과 대접을 달라고 하더니 거기에 밥과 반찬을 다 넣고 한꺼번에 말아 먹었다. 김수지로서는 모욕감이 들 정도로 남편의 행동을 이해할 수 없었다. 나중에 안 것이지만 김인수는 국이 있어야 식사를 제대로 한 것인데, 국이 없으니 대안으로 그렇게 한 것이었다. 두 사람은 잠자는 시간대도 달랐다. 김인수가 매사에 조직적이고 빈틈없이 치밀한 성격이라면, 김수지는 남편으로부터 칠칠맞지 못하다는 말을 들을 정도로 소탈하고 털털했다. 자라온 성장 배경이나 성격이 달랐기 때문에 벌어지는 너무나도 당연한 결과였다.

그제서야 김수지는 6년을 사귀었지만 실제 결혼생활에 대해서는 전혀 준비하지 못했음을 깨달았다. 준비는커녕 준비해야 한다는 것조차 몰랐던 것이다. 그렇게 2년이 넘는 시간을 보내면서 김수지는 한계에 다다르기 시작했다. 맏딸로서 자신의 삶을 주도적으로 살아왔기에 매일 야단치듯 내뱉는 남편의 말 몇 마디는 더더욱 가슴을 옭죄었다. 급기야는 자신이 남편으로부터 일방적으로 비난받고 무시당하는 것 같아 그 상태로 결혼생활을 계속 이어나갈 수 없다는 생각까지 들었다.

부부와 가정의 실제적 필요에 눈을 뜨다

김수지는 자신의 삶을 돌아보며 2010년에 쓴 『사랑의 돌봄은 기

적을 만든다』(비전과리더십)에서 이혼을 결심하고서 남편을 만나려 했
던 상황에 대해 이렇게 들려준다.

"어느 날 출근하는 남편에게 메모를 써서 호주머니에 넣어주었다.
'이따 사무실에 가서 보세요.'
남편은 대문을 나서자마자 호주머니에서 메모지를 꺼내 읽었다.
'오늘 근무 끝나고 6시에 신촌 독수리다방에서 만나요.'
남편은 그 메모지를 다시 주머니에 넣고 휘파람을 불면서 골목길
을 내려갔다. 아마도 퇴근 후에 데이트를 하자는 낭만적인 편지로
알았던 모양이었다. 퇴근하기가 무섭게 남편은 약속 장소인 다방
으로 달려왔다.
'오늘은 무슨 바람이 불어서 밖에서 다 만나자고 했어?'
남편은 아무것도 모르고 자리에 앉자마자 신이 나서 물었다. 나는
아무 말 없이 테이블 위에 메모지를 올려놓고 글씨를 썼다.
'이대로는 살 수 없습니다.'
아내가 쓴 글을 보자 김인수는 눈을 동그랗게 뜨고 물었다.
'이게 무슨 말이야?'
아내는 다시 종이 위에 글씨를 썼다.
'이혼을 해야겠습니다.'"

  전혀 예상치 못했던 아내 김수지의 말에 김인수는 기가 막혀 아

무 말도 하지 못했다. 한참을 종이를 쳐다보던 김인수는 김수지의 얼굴을 말없이 바라보다 어떻게 해서 그런 생각을 하게 됐는지 나지막이 물었다. 김수지는 격한 감정을 주체하지 못하고 울음을 터뜨렸다. 김수지 또한 아무 말도 할 수 없었다. 이에 당황한 김인수는 부인을 달래며 왜 그런 생각을 했는지 그 이유를 말해달라고 했다. 마냥 당혹한 채로 있을 수만은 없었기에 문제가 어디서 비롯됐는지 알고자 했다. 한참을 울던 김수지는 남편에게 자신이 매일 야단만 맞고 비난받는다는 사실에 모욕감이 깊어져 이 결혼생활을 계속할 수 없다고 했다.

눈물로 토로하는 아내의 말에 당황하여 아무 말도 하지 못하고 있던 김인수는 이내 평정심을 되찾고 아내를 다독거렸다. 그러고선 이렇게 말했다.

"결혼이란 하나님이 만드신 것이고, 성경에 결혼생활에 관한 말씀이 있으니까 우리 성경을 읽으면서 그대로 실천해 봅시다."

두 사람의 삶의 원칙은 분명했다. 하나님의 말씀이 명하시는 대로 행하고, 그 말씀이 금하는 것을 하지 않는 것. 하나님이 두 사람의 주인이시기 때문이었다. 문제는 있을 수 있었다. 그러나 그 문제를 어떻게 풀어가느냐는 자신들에게 맡겨진 책임이었다. 그리고 현재 그들이 직면한 서로 다름에서 비롯된 오해는 지금 당장 해결해야할 가장 중요하고 시급한 문제였다. 그래서 김인수 부부는 그날 밤 창세기 1장부터 읽어가며 결혼생활에 대한 말씀을 가지고 서로 이야기하기 시작했다. 그들은 그날 밤 왜 사람이 혼자 사는 게 좋지 않은지, 돕는 배필이라는 게 무슨 의미인지 진지하게 묻고 답하고 서로의 의견을 나눴다. 그러다 보니 구체적으로 서로를 어떻게 도울 수 있을 것인지 자연스럽게 얘기를 나눌 수 있었다. 평소에 무심코 지나쳤던 자신의 말과 행동을 돌아보게 되었다. 그 말과 행동이 상대방에게 어떻게 받아들여졌을지 곰곰히 생각하게 되었다.

김인수 부부의 가정사역은 그렇게 자신들을 대상으로 시작되었다. 특정 프로그램이 아니라 자신들의 관계를 하나님 앞에서 진지하게 반성하려는 모습에서 시작된 것이다. 그렇게 그들은 부부와 가정의 실제적인 필요에 눈을 떴다.

이 사건이 계기가 되어 김인수는 결혼 후 맏딸인 아내를 대신해 처가의 장남 노릇을 하겠다는 약속을 성실히 지킬 수 있게 되었다. 남편의 솔선수범하는 모습에 아내 김수지도 성실함으로 답했다. 부부 관계의 회복이 가족 관계의 회복으로 확대되었고, 믿음이 단지 관념적인 것이 아니라 삶 속에서 실제적인 변화를 가져오는 능력이라는 것을 다시금 경험하게 되었다.

김인수 부부는 나중에 몇 번의 이사 끝에 당시 서울의 끝이라고 불렸던 화곡동에 땅을 사고 집을 지었다. 집을 짓는 일 년 반 동안 그들은 합정동에 있는 처가집으로 들어가 세를 살게 되었다. 그때

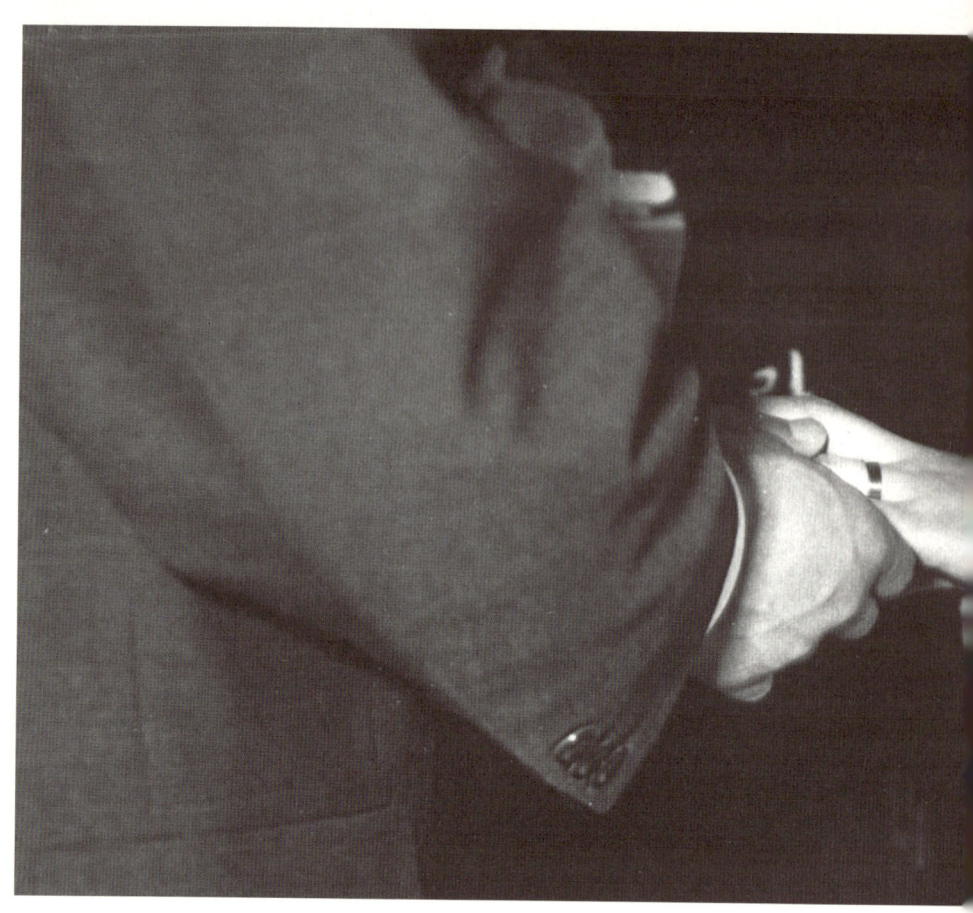

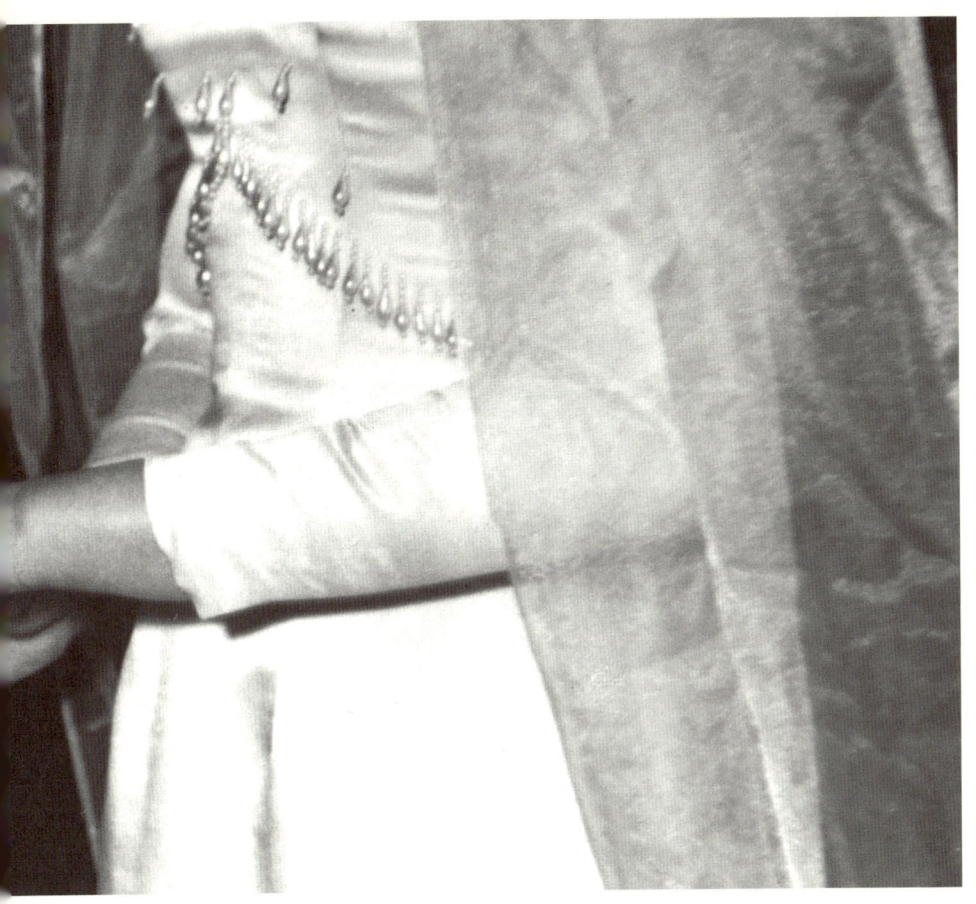

자녀 수와 인을 낳고 장인과 처가 식구들의 사랑을 받으며 지냈다. 비록 김인수 부부의 결혼생활의 시작은 처가의 강한 반대 속에서 시작됐지만 이혼의 위기를 넘어서서 더욱 견고해짐으로써 온 가족이 화목케 되었다.

성경적 원리와 원칙 못지 않게 중요했던 것은 서로 용납하는 자세였다. 형편이 여의치 않은 상황이었기에 서로 마음의 여유를 갖지 못하면 금새 예민해질 수 있는 상황이었다. 화곡동 집에서 시부모를 모시면서 세 명의 시누이와 시동생을 포함해 10식구가 함께 살면서도 화목할 수 있었던 것은 말씀이 이끄는 삶에 순종함으로 응답한 그들의 신실함과 서로의 짐을 대신 지는 자세 덕분이었다.

이 경험은 한국 최초의 부부 가정사역자가 탄생하게 된 밑거름이 됐다는 점에서 매우 중요하다.

대사관 근무, 그리고 실직

체신공무원 말단직원으로 일하면서 김수지와 결혼을 생각하고 있던 김인수는 미래를 생각해 더 좋은 직장으로 옮기고 싶어 했다. 하지만 대학 졸업장이 없어서 원서를 낼 기회조차 얻지 못했다. 그러던 어느날 학력에 상관없이 응시자를 모집하는 주한 말레이시아 대사관 행정직에 응시하게 되었다. 200대 1의 경쟁률 속에서 많은 학사 출신의 경쟁자를 물리치고 행정 책임자로 발탁되어 일하기 시작했는데, 이는 죠이클럽에서 닦은 영어 실력 덕분이었다. 그렇게해서 대사관에서 근무하는 동안 김수지와 결혼했다.

하지만 대사관 생활은 오래 가지 못했다. 근무한 지 2년이 지났을 무렵, 김인수는 자신이 보기에 부당하게 해고당할 위기에 처한 부하직원을 변호하다 부대사와 충돌하게 됐고, 결국 이로 인해 사표를 내게 되었다.

김인수가 실직한 사이 김수지는 서울외국인학교에서 양호교사로 일하면서 석사 과정을 다시 시작하게 되었다. 미국 유학을 지원해주었던 메르츠(Mertz) 재단에서 국내에서 공부를 계속해도 좋다고 하면서 한미재단을 통해 장학금을 보내줬던 것이다. 사실 김수지에게 장학금보다도 더 큰 힘이 된 것은 공부할 수 있을 때 해두라고 적극적으로 권면한 김인수의 지지였다. 신혼 초 김인수는 아내가 집에서 내조에 전념해주길 바랐다. 어렸을 때부터 그것이 아내의 역할이라 생각해왔기 때문이었다. 그러나 자신의 아내를 보면서 집에 있을 것이 아니라 공부를 하게 해야 저 사람이 행복하겠구나라고 생각하게 되었다. 그래서 여자는 출산 등으로 공부하기 쉽지 않으니 기회가 될 때 꼭 공부를 하라고 등을 떠밀었던 것이다.

실직한 3개월 동안 아내 김수지가 출근할 때 김인수는 종일 집에 있을 수밖에 없었다. 평소에 김인수를 아끼던 미국 선교사들은 그런 그를 격려하고자 영어 신앙서적을 번역하는 일거리를 얻어주었다. 1960년대 중반인 그때까지만 해도 우리말 신앙서적들이 별로 없었기 때문에 그는 선교사들을 통해 많은 영어 신앙서적들을 빌려서 읽었다. 그렇게 실직한 상태로 보낸 3개월 동안 얼마나 많은 책을 읽었는지 정확히 기억할 수는 없지만, 신학적으로 잘 정리된 신앙서적을 접하면서 수 년 동안 읽었던 성경 말씀이 체계적으로 정리되기 시작했다고 김인수는 회상했다.

김인수는 성격적으로 늘 바쁘게 살아가는 자신을 하나님께서 안타깝게 여기신 나머지 그 3개월 동안 자신의 삶을 정지시키고 성경을 가르치는 사람으로서 필요한 훈련을 시키신 것 같다고 했다. 왜냐하면 그 기간 동안 하나님이 자신으로 하여금 비록 독학이지만 어느 정도 신학을 공부할 수 있는 기회를 마련해주셨기 때문이다. 김인수 자신이 생각하기에도 그 당시 자신이 성경을 많이 알고는 있었지만 체계적으로 다른 이들을 가르칠 수 있는 준비가 되어 있지는 않은 상태였다. 훗날 김인수는 그 실직 상태로 보냈던 3개월 동안 다른 사람들에게 성경을 가르치고 설교할 수 있는 체계를 갖추게 되었다고 말하면서, 자신을 그렇게 인도하신 하나님의 이끄심이 놀랍고 오묘하다고 고백했다.

극동방송 입사와 뜻밖의 승진

3개월 후, 김인수는 극동방송국의 견습사원으로 취직했다. 이 과정 역시 하나님의 은혜였다. 과정은 이러하다. 실직 기간 동안 번역 외에 일할 직장을 알아보았으나 마땅한 자리가 쉬이 나타나지 않았다. 그러다가 극동방송에서 신앙적으로 헌신할 사람을 찾는다는 이야기를 듣고 여러 날 기도하게 되었다. 하지만 김인수가 생각하기에 자신은 기술면허가 없으니 기술자로 갈 수 없고, 음악을 모르니 방송요원이 될 수도 없고, 경상도 사투리가 남아 있어서 아나운서가 될 수도 없었다. 자신이 가장 잘 할 수 있는 부분이 행정인데, 그 부분은 좋은 그리스도인들이 있어서 필요하지 않다고 생각했다. 자신의 은사로 보았을 때, 김인수는 가서 할 일이 없다고 판단했던 것이다.

이러한 구체적인 이유들로 극동방송에 지원하지 않기로 결정했음에도 불구하고, 그의 마음 속에 알 수 없는 부담감이 계속 밀려왔다. 그 부담감은 자신의 염려나 걱정에서 비롯된 게 아니라 하나님이 주신 마음이었다고 김인수는 회상한다. 결국 김인수는 "무엇을 해야 할지 모르지만 하나님이 보내시겠다면 가겠습니다."라고 응답하고서는 극동방송 견습사원 모집에 지원했다. 그리고 몇 달간의 견습 기간 후 신입사원으로 프로듀서 부문에 지원하였다.

1967년, 김인수는 극동방송의 프로듀서로 일하게 되었다. 그런데 그가 입사하던 해에 가장 신임을 받았던 행정 간부들이 음모를 꾸미고 있었다. 이러한 사실이 외국 선교사들에게 일부 알려짐으로써 그 문제를 해결하고 수습할 사람이 필요해졌다. 극동방송에 근무하는 직원 중 그런 행정 경험을 가진 사람은 김인수밖에 없었다. 입사한 지 7개월 후, 그는 총무과장으로 고속 승진했다.

이제 김인수는 방송국의 행정 문제를 개선하고 체계를 잡는 막중한 책임을 지게 되었다. 입사한 지 얼마 되지 않은 김인수로서는 그런 역할이 부담스러웠다. 그러나 자기에게 맡겨진 일이었고, 극동방송을 위해서 그 일은 꼭 필요한 일이었다. 그런 까닭에 김인수는 신배들의 문제를 파헤쳐 과감히 수술한 후에 회사의 체계를 잡아가기 시작했다.

3년 후, 그는 지금의 부사장에 해당하는 부국장으로 승진했다. 그때의 조직 개편과 인사 발령이 얼마나 파격적이고 뜻밖이었던지, 사내 게시판에 부국장으로 임명된 이에 대해 사람들이 서로 이렇게 물어볼 정도였다. "처음 보는 이름인데, 혹시 부국장으로 임명된 이분에 대해 아는 사람 있나요?" 요즘 말로 '듣보잡'이었던 것이다.

이 기간 동안 김인수에게 맡겨진 일은 기도와 하나님이 동행하신다는 말씀의 확신 없이는 해내기 어려운 일이었다. 그래서 그는 혹여 자신이 교만해지지 않을까 염려하며 하나님의 뜻에서 벗어나지 않기를 간절히 구했다. 15년 이상을 근무한 선배들의 위에 올라가서 일해야 했던 그는 '누구든지 네 연소함을 업신여기지 못하게 하고 오직 말과 행실과 사랑과 믿음과 정절에 대하여 믿는 자에게 본이 되어'라는 디모데전서 4장 12절의 말씀을 의지할 수밖에 없었다.

말씀이 주는 확신과 기도, 그리고 김인수가 대사관에서 2년 동안 행정 책임자로서 쌓은 경험은 이때 큰 진가를 발휘했다. 그리하여 김인수는 극동방송의 행정체계와 회계제도를 정립할 수 있었다. 김인수는 전혀 예상치 못했던 경험을 통해 하나님이 자신을 준비시킨 것을 또 한 번 깨달을 수 있었다.

미뤄왔던 공부를 시작하다

1968년 9월, 아내 김수지는 석사논문을 마무리하며 이화여자대학교 간호학과 시간강사가 되었고, 이듬해 2월 석사학위를 받자 곧 전임이 되었다. 공부에 대한 꿈을 포기하지 않았던 김인수는 극동방송에 근무하면서 야간 국제대학 경영학과에 입학했다. 서로에게 돕는 배필이 되겠다던 다짐을 위해서, 그리고 주께서 쓰실 그릇으로 준비되자던 아내와의 약속 때문이었다. 김인수가 일하는 극동방송 근무 특성상 해외 출장이 잦아 김인수가 야간 수업에 부득이하게 빠지게 될 때가 종종 있었다. 돕는 배필로 무얼 할 수 있을까 항상 고민하던 김수지는 남편을 대신해 강의실에 들어가 강의 내용을 꼼꼼히 필기해 남편에게 주었다. 대학교 전임교원으로 야간대학 학생의 자리에서 그 어떤 학생보다 열심히 수업을 들었던 것이다. 그러다 보니 한번은 이화여자대학교의 동료교수와 강의실에서 조우하게 된 경우도 있었다. 하지만 남편을 돕고 세우는 데 그 어떠한 불편함도 장애물이 될 수는 없었다. 김인수가 야간대학을 졸업하던 때 그의 나이 서른넷이었다. 전쟁과 갖은 고난을 겪은 세대여서 배움의 기회가 뒤늦게 찾아왔다고는 하나 만학임이 분명했다. 졸업식에는 딸과 아들까지 와서 만학도인 아빠의 졸업을 축하해주었다.

길이 열리다

　야간대학을 졸업하던 1971년, 김인수는 미국 정부가 주최한 동서문화센터(East-West Center) 장학생 시험에 응시했다. 동서문화센터는 협동연구와 대화를 통해 유엔과 아시아, 태평양 여러 나라들과 사람들의 이해를 도모하고 보다 나은 상호 관계를 촉진하고자 1960년 미국 의회가 설립한 연구소였다. 비영리공공기관으로서 설립 목적에 따라 다양한 장학금 지원 프로그램을 갖고 있었다. 하지만 김인수로서는 자신보다 한참 젊은 학생들과 경쟁해야 했고, 경쟁률도 높았다. 합격해서 유학길에 오른다 해도 앞으로의 공부가 어떻게 진행될지 한치 앞도 예측할 수 없었다.

　김인수는 동서문화센터 장학생으로 선발돼 동서문화센터가 위치한 하와이대학교 경영대학(Shidler College of Business, University of Hawaii at Manoa)으로 유학을 떠날 수 있게 되었다. 동서문화센터에서는 상대적으로 재정에 여유가 있어 선발된 장학생에게 여비와 학비에 생활비까지 전부 제공해주었기 때문이었다. 한미재단 장학생에 선발되고도 유학길에 오르지 못한 채 유학 중이었던 김수지의 귀국을 종용해 가족의 반대 속에서 결혼했던 김인수 부부에게 동서문화센터 장학생 선발은 새롭게 열린 길이자 기적이 아닐 수 없었다. 그렇게 김인수 부부의 미국 생활이 시작되었다. 서른넷의 나이에 국민학교 졸업 후 처음으로 일하지 않고 공부만 할 수 있는 기회가 김인수에게 주어진 것이다.

하지만 길이 열렸다고는 해도, 그 길이 결코 쉬운 길이 아니었다. 직업고등학교를 나온 후 야간대학을 다닌 그가 곧바로 미국 대학의 경영대학원 경영학 석사(M.B.A) 과정에 입학했으니 앞길에 그를 기다리는 것들은 온통 알아듣지 못할 용어들로 가득한 강의와 책뿐이라는 것은 불을 보듯 뻔한 일이었다. 그는 경제학이나 통계학 같은 필수과목은 전혀 수강하지도 못한 채 대학원에 들어갔다. 한국에서 몇 과목 듣고 갔던 회계학 관련 과목의 첫 시간 시험에서는 전체 꼴찌인 20점을 맞았다. 강의 내용이 무엇인지 감을 잡을 수도 없었다.

그러나 김인수는 포기하지도 좌절하지도 않고 매일 아침 8시부터 밤 12시까지 쉬지 않고 공부했다. 모르는 것이 있으면 주저하지 않고 선배나 한국 학생들을 붙들고 물어보았다. 더불어 아내 김수지와 자녀들의 격려와 기도가 김인수에게 큰 힘이 되었다. 이렇듯 최선을 다하며 가족들의 도움과 지지 속에 열심히 공부한 결과 첫 학기에 모든 과목에서 최고 점수를 받았다. 학기 초의 경험 때문에 의기소침해 있던 김인수에게 첫 학기 성적은 자신의 학문적 자질에 대한 의심을 떨치고 외국 대학에서도 충분히 좋은 성과를 거둘 수 있겠다는 자신감을 가져다주었다.

하지만 성적이 오르고 학업 성취도가 올라가는 반면에 자신의 심령이 메말라 가는 것을 느꼈다. 학과 공부에 지나치게 몰두한 나머지 하나님과 개인적인 교제를 갖는 시간이 줄어들었기 때문이었다. 그래서 그는 다음 학기부터 우선순위를 바꾸기로 했다. 어떤 일이 있더라도 성경 말씀과 기도로 하나님과 먼저 교제하고 하루를 시작하기로 했다. 새학기가 시작되자 결심했던 대로 아침 8시에 도서관에 가서 먼저 성경을 펼쳐놓고 읽기 시작했다. 어떤 때는 30분을 읽었고, 또 말씀이 너무 달콤해 멈출 수 없는 때에는 1시간 동안 성경을 읽기도 했으며, 2시간을 넘겨 오전 내내 말씀을 읽는 데에 몰두하기도 했다. 말씀 읽기를 통해 혼탁하고 메말라가던 심령이 다시 촉촉해지며 맑아지기 시작했다. 그런데 놀라운 것은 2학기의 성적이 전혀 떨어지지 않았다는 사실이다. 이때부터 김인수는 동료 대학원생들을 모아서 성경공부를 시작했고, 그러한 성경공부는 유학기간 동안 어느 곳을 가든지 계속되었다. 이렇게 시작된 미국 유학생활에 대해 김인수는 『우리들의 아가서』에서 에필로그 형식으로 아내 김수지에게 보내는 편지에서 이렇게 회상했다.

"그렇게 시작한 미국 유학생활은 하나님의 구체적인 간섭하심과 인도하심을 계속 체험하며 사는 우리의 '미국행전'이었습니다."

하와이 대학교에서 인디애나 대학교로, 그리고 MIT로

서른다섯의 늦은 나이에 시작하게 된 공부였기에 김인수는 석사학위만을 받고 돌아올 예정이었다. 그런 그에게 학부 3학년 전공 중 한 과목을 가르치는 조건으로 경영학의 명문인 인디애나 대학교 경영대학원(현재 Kelly School of Business, Indiana University, Bloomington)에서 경영학 박사(DBA) 과정을 계속할 수 있는 길이 열렸다. 인디애나 대학교에는 1939년에 졸업한 동문 기업가 에드 켈리(E. W. "Ed" Kelly)가 경영대학원에 상당한 재정적 지원을 하고 있었고, 켈리장학기금(E.W. Kelly Fellowship)을 만들어 박사과정 지원자에게 상당히 좋은 조건의 장학금도 제공되었다. 김인수로서는 생각지도 못한 기회였다. 한국에서 야간대학을 졸업한 지 2년 만에 경영학으로 유명한 미국 대학교에서 전공과목 강의를 하며 박사과정 공부도 하게 된 것이었다.

그러나 기뻐하기에는 일렀다. 김인수는 자신이 가르쳐야 하는 과목인 생산관리가 어떤 것인지 알지 못했다. 그래서 도서관에 가서 그 분야 교과서를 놓고서 학부생처럼 공부할 수밖에 없었다. 그럼에도 불구하고 학부생 강의뿐만 아니라 자신의 박사과정도 성공적으로 끝냈다. 박사과정을 끝내는 데 2년 7개월이 걸렸다. 그의 학위논문 제목은 "상황이론으로 본 기술 혁신, 조직, 구조 및 기업 환경의 상호 관계와 그 정책적 의의"(Technological Innovations, Environment, Structure, and Policy Implications: Contingency Approaches)였다. 미국에서

나고 자란 사람이나 국내 유수의 대학을 나와 일찍부터 학문 세계를 접한 사람도 강의와 병행하며 박사 논문을 2년 7개월 만에 마친다는 것은 거의 불가능한 일이었다. 그런 점에서 김인수가 박사과정 중에 기울인 노력은 참으로 대단한 것이었다고 말할 수밖에 없다.

그러나 이것이 전부가 아니었다. 김인수에게 인디애나 대학교에서의 공부에 뒤이어 연구를 계속할 수 있는 길이 또 열렸다. 김인수가 인디애나 대학교에서 박사과정을 밟고 있을 때 조교수이자 자신의 지도교수였던 제임스 어터백(James Utterback) 교수가 메사추세츠공과대학(MIT)으로 자리를 옮기게 되자 그를 따라 MIT로 가서 박사논문을 마무리하면서 함께 연구도 하게 된 것이다. 당시 MIT에는 영향력 있는 싱크 탱크였던 MIT 정책연구소(MIT Center for Policy Alternatives)가 있었는데, 어터백 교수와 김인수는 그곳에서 1976년부터 1978년까지 함께 연구를 진행했다. 두 사람이 진행한 연구는 미국 국립과학재단(National Science Foundation)의 지원으로 진행한 혁신과 기업 조직 구조의 진화에 관한 프로젝트였다. 이 프로젝트의 연구 결과 중 일부가 공동 저자 명의로 경영학 학술지(Management Science)에 "개발도상국에서의 조직 구조와 기술의 진화"(The Evolution of Organizational Structure and Technology in a Developing Country)라는 제목을 달고 출간되었다. 이 논문으로 인해 김인수 또한 학계의 주목을 받는 학자로 자리매김하게 되었다.

3

열정으로 살다
1978-2003

1978년, 김인수가 가족과 함께 한국으로 귀국했을 때 그의 나이 마흔이었다. 김인수는 신앙을 가지게 된 초기부터 자신이 서 있는 자리에서 최선을 다해 하나님과 이웃을 섬기기 위해 힘썼다. 그의 생애 중 귀국하기 전까지의 삶은 본격적인 사역을 위한 준비 기간이라고 할 수 있다. 물론 그 이전부터 김인수 부부는 말씀을 따라 하나님을 섬기고, 말씀과 나눔으로 이웃을 섬겼다. 하지만 고국으로부터 부름을 받아 한국에서 활동한 이때부터 그 동안 준비한 것을 본격적으로 펼쳐내는 삶이 되었다고 할 수 있다.

이 25여 년의 시간 동안 보여준 김인수와 그의 아내 김수지의 사회적 활동과 신앙적 행보는 그들이 일찍부터 가지고 있었던 신념,

곧 하나님이 그들에게 기회를 주신 것은 다른 사람들을 섬기게 하기 위해서라는 평소의 지론을 다시 한 번 보여준다. 이 시기에 김인수는 사회적으로는 학자, 연구자, 공직자로, 그리고 신앙적으로는 성경교사와 가정사역자로서 구체적인 사역을 펼쳐갔다. 이 시기 김인수의 삶의 자세를 단적으로 보여주는 그의 표현이 있다. "논문을 쓰든, 일을 하든, 혼을 담아서!"

우선, 한국개발연구원에서 시작하여 고려대학교에 정착하기까지의 과정을 살펴보겠다. 그 후 그가 맡은 역할과 중요성에 대해서는 '전문가로 살다'와 '사역자로 살다'라는 소제목으로 좀 더 상세히 다루기로 한다.

한국개발연구원(KDI)에서 시작된 고국 생활

한국개발연구원(이하 KDI)은 국가 주도로 1971년 3월에 설립된 대한민국 최초의 사회과학분야 종합정책연구소이다. 이 연구소는 우리나라 경제전반에 관한 정책과제를 체계적으로 연구하고 5개년 개발계획 수립 및 정책 입안에 도움을 줄 연구기관이 필요하다는 인식에 따라 설립되었다.

일찍이 1953년 3월에 발표된 한국경제재건계획을 따라 경제개발 7개년 계획의 전반기 계획인 경제개발 3개년 계획(1960-1962년)이 1959년 완성되었으나 계획경제에 대한 이승만 정권의 부정적인 견해 때문에 시행되지 못했다. 이후 1960년 4월 15일이 되어서야 국무회의에서 경제개발 계획 실시안이 통과됐지만 4.19 혁명으로 실시되지 못했다. 장면 정부는 경제개발 7개년 계획을 수정해서 경제개발 5개년 계획을 수립한 후, 1961년 5월 15일 국무회의 보고절차를 거친 후 공표했다. 그러나 바로 그 다음 날인 5월 16일, 군사 쿠데타가 일어나 경제개발 5개년 계획은 박정희 정권 하에서 추진되었다. 이처럼 KDI는 그 태생에서부터 경제개발 5개년 계획과 깊은 연관을 갖고 있는 연구기관이었다.

1970년대에 KDI가 담당한 역할은 KDI 홈페이지에 '번영을 위한 경제 설계'라는 제하에 다음과 같이 소개되어 있다.

"KDI 연구진은 5개년 개발계획 작성뿐 아니라 경제기획원 주관의 3개년 연동계획과 경제운영계획의 작성에도 적극 참여했다. 경제 현안에 대한 정책 수립에 도움을 주기 위한 단기과제 연구도 수행했으며, 이에 관한 토론과 협의가 이루어지도록 정책협의회를 수시로 개최했다. 또한 경제발전의 장기 전망을 연구하여 그 결과물로 『장기 경제 · 사회발전 1977-1991년』을 발표했다.
KDI는 경제정책 수립은 물론 한국 경제연구의 기초를 놓는 데에도 기여했다. 미국 하버드 대학교 부설 국제개발연구소(HIID: 현 Center for International Development)와 공동으로, 해방 이후 1970년대 중반까지 약 30년 동안의 경제 · 사회 발전을 분석 · 연구하여 국 · 영문 각

각 10권에 달하는 『한국 경제 · 사회의 근대화 과정 연구』 총서를 발간했다. 이는 성공적인 경제발전 경험에 관한 체계적인 연구로서 국내외 경제학자, 정책수립자 및 국제원조기관 등에게 귀중한 참고자료가 되었다.

거시금융 · 재정 · 산업 및 무역 등 경제개발과 직결되는 분야에 관한 연구는 물론, 낙후된 사회보장체계의 현황과 문제점을 분석 · 검토하고 선진국 경험과 비교함으로써 정책방향을 제시하는 연구도 함께 수행했다. 의료보험제도, 산업재해보상보험제도, 연금 및 퇴직금제도, 고용보험제도 등 사회보장제도에 대한 기초연구와 함께 절대빈곤문제를 포함한 소득분배문제에 관한 기초조사를 실시하고 실증적 연구를 수행했다.

국제기관 및 선진국들의 사회지표체계를 우리 실정에 맞도록 조정해 체계화하고 각 지표의 정의와 측정방법을 마련함으로써 당시 경제기획원 조사통계국이 『한국의 사회지표』를 발간하는 데 크게 기여했다. 또한 사우디아라비아 정부의 요청으로 인력개발계획을 위한 용역사업을 수행하기도 했다."(연구원 연혁 중 1970년대 소개글).

KDI의 선임연구원으로 초빙을 받은 김인수는 가족과 함께 고국으로 귀국하기로 결정했다. 부인 김수지는 연세대학교 간호대학 교수에 내정되어 있었다. 그 당시 정부는 성장 · 형평, 능률의 기조 하에 자력성장 구조를 확립하고 사회개발을 통하여 형평을 증진시키며, 기술을 혁신하고 능률을 향상시킬 것을 목표로 제4차 경제개발 5개년 계획(1977-1981)을 실행시켰고, KDI는 그 산하 기관으로 경제 발전의 두뇌 역할을 충실히 실행하고 있었다. 김인수는 당시 해외과학기술자 유치를 위해 MIT에 들렀던 김만제 KDI 초대원장에 의해 스카우트되었다. 입사 순으로는 37번째 선임연구원(KDI홈페이지 정보 기준)이었다.

그는 1978년 7월부터 1980년 8월까지 2년 동안 KDI에 재직하면서 여러 연구 프로젝트를 진행했다. 경제개발 계획과 관련된 정책 입안과 관련된 연구를 진행하는 KDI의 특성상, 그는 경제개발 동력으로서 기술 혁신과 기업 구조, 기술 혁신의 장애 요인 등을 연구했다. 특히 그가 관심을 가지고 연구한 산업 분야는 전자산업이었는데, 당시는 우리나라가 전자산업을 육성하는 데 힘을 쏟고 있을 때였다. 더욱이 1978년부터 1980년까지 한국경제는 물가고와 제2차 석유 파동과 같이 대내외적 불안요인이 많아 상황이 좋지 않았다. 이러한 발전과 장애요소를 대응하는 데에 기여한 김인수의 연구 성과는 발표일 기준으로 볼 때 다음과 같다.

"기술혁신을 위한 기업조직 구조: 한국전자산업에 대한 실증적 연구"(1979. 6. 30)
"산업기술의 변화형태와 대응책"(1979. 12. 20)
"기술혁신의 장애요인: 기초연구의 현실"(1980. 6. 20)

"Macroeconomic and Industrial Development in Korea(Essays on the Korean Economy. Vol. III)"(1980. 10. 1)

김인수의 연구가 개발도상국가에 적용할 수 있는 여지가 많았고, 그의 연구방법 자체가 실증적인 연구를 중시했기 때문에 고국뿐만 아니라 중동이나 기타 해외 개발도상국가들의 경제개발 계획이나 관련 정책 수립을 위하여 김인수의 연구는 그 쓰임새가 많았다. 그래서 KDI 재직 시절 김인수는 사우디아라비아 정부 프로젝트에 참여해서 사우디아라비아의 경제 발전 모델을 바로잡는 데 도움을 주기도 했다. 그가 참여한 프로젝트가 바로 KDI 홈페이지에 "사우디아라비아 정부의 요청으로 인력개발계획을 위한 용역사업을 수행했다"고 언급된 그 프로젝트다.

사실 김인수의 KDI 시절에 대해서 현재까지 알려진 바는 많지 않다. 그저 그 동안 동료나 제자 그룹의 추모글에 잠깐 언급된 내용들이 전부이다. 하지만 KDI 시절에도 김인수는 엄밀한 연구를 강조하면서도 자율성을 존중하는 리더십의 소유자였던 것으로 보인다. 한국과학기술원에서 석사학위를 받고 KDI에서 김인수의 연구팀 일원으로 있었던 조남신은 김인수의 연구실 분위기가 자율적이고 스스로 일을 찾아서 할 수 있는 곳이었다고 회상한다.

한 번은 김인수가 자신의 연구실에 들어가지 않은 채 밖에서 책 읽는 광경을 보고 다른 연구실 소속 연구원이 의아하게 생각하고 그 이유를 물었다고 한다. 이에 김인수는 자기 연구실의 연구원들이 너무 시끄럽게 떠들어서 집중할 수 없어 나와 있다고 했다. 일반적으로 선임연구원 연구실 소속 연구원들에게 선임연구원이 지니는 무게와 권위를 생각할 때, 김인수는 연구원들의 자율적인 분위기를 존중하는 태도가 몸에 배어 있었다고 보인다.

　김인수는 KDI에서 KAIST와 고려대학교로 옮긴 뒤에도 계속해서 KDI에 자신의 연구 성과를 발표했다. KDI 퇴직 후 KDI에 발표된 연구물들은 아래와 같다(KDI 홈페이지 정보 기준).

"기술혁신의 과정과 정책"(1982. 9. 6)

"과학기술력 증대를 위한 정책의 평가와 개선방안"(1987. 12. 1)

"Science and Technology Policies for Industrialization in Korea(The KDI/APDC Joint Seminar, May 24–31, 1988. Session V)"(1988. 5. 24)

"Entrepreneurship and Innovation in a Rapidly Developing Country(KDI/UNDP Joint Seminar on Private Sector Initiatives, September 20–22, 1989, Session III)"(1989. 9. 20)

"Absorptive Capacity and Industrial Growth: A Conceptual Framework and Korea's Experience(The Twentieth Anniversary Symposium, July 1–3, 1991. Round Table Discussion)"(1991. 7. 1)

"Economic Systems in South and North Korea: The Agenda for Economic Integration"(1995. 5. 1)

"한국경제 반세기: 역사적 평가와 21세기 비전"(1995. 12. 29)

"Social Capability and Long-Term Economic Growth" (1995. 12. 31)

이러한 연구원들은 끊임없이 변혁과 발전을 위해 연구했던 김인수의 재능과 성실, 그리고 학자로서 섬기는 소명을 소중히 한 그의 면모를 볼 수 있는 귀중한 자료들이다.

한국과학기술원(KAIST)에서 시작된 교수 생활

KDI 재직 시절인 1980년 봄, 김인수는 KAIST(이하 카이스트)의 전신인 한국과학원(KAIS)에 출강하여 조직행태론을 강의했다. 그리고 그 해, 그는 KDI 근무를 마치고 KAIS의 경영과학과 교수로 자리를 옮기게 된다.

카이스트는 경제개발 계획으로 부각된 산업화를 뒷받침할 고급 과학기술 인력 양성과 배출을 목표로 1971년에 세워졌다. 국내 최초 연구 중심의 이공계 특수대학원으로 발족하여 교수진부터 학생에 이르기까지 최고만을 뽑았기에 그 자부심이 대단했다. 그도 그럴 것이, 고급 두뇌의 해외 유출을 방지하고, 동시에 해외에 있는 주요 인적 자원들을 국내로 끌어들여 과학기술 산업을 육성하겠다는 설립 목적에 비추어 볼 때, 그 당시나 지금이나 카이스트가 고급 인력 양성을 위한 학교라는 자부심을 갖는 것은 당연해 보인다. 한국의 칼텍이나 MIT를 목표로 교수진부터 학생에 이르기까지 최고를 뽑고자 했으니 그도 그럴 만했다.

그런데 김인수가 카이스트로 옮길 당시 그 곳에 교수로 있었던 이진주의 회상에 따르면, 김인수가 국내에서(특히 카이스트에서) 교수로 임용되는 것은 쉽지 않았던 것으로 보인다. 이진주는 김인수의 학자로서의 기여도를 인정하고 있었기에 김인수가 카이스트에 올 수 있도록 힘썼지만 주변 사람들에게서는 김인수에 대하여 나이가 많다거나 출신 학부를 신뢰할 만하지 못하다는 등의 얘기가 돌았다. 한국 내 엘리트 계층의 학벌에 대한 민감성을 생각하면 충분히 있었을 법한 상황이다.

이러한 편견에 맞서 김인수를 카이스트로 이끈 이진주와의 학문적 교류는 훨씬 이전 시기로 거슬러 올라간다. 1973년 가을, 김인수가 인디애나 대학교에서 박사과정을 막 시작할 무렵이었다. 연구할 세부 주제를 계속해서 바꾸던 차에, MIT에서 막 학위를 받고 조교수로 부임한 젊은 미국인 교수가 '혁신과 기술경영'이라는 주제로, 당시에는 생소했던 세미나를 개설한 적이 있었다. 김인수는 이 세미나를 수강하면서 학위논문 주제와 평생 연구해야 할 주제를 비로소 만나게 된 것이다. 그래서 김인수는 그 젊은 교수에게 자신도 그와 같은 주제로 연구하고 싶다고 말하면서, 그에게 지도를 받고 싶다고 했다. 그러자 그 교수가 시카고의 노스웨스턴 대학교에서 자기와 같은 지도교수 아래에서 함께 동문수학하며 '혁신과 기술경영'이라는 주제로 박사논문을 거의 마쳐 가던 한국 학생을 소개해주었다.

그 주제에 대한 개괄적인 설명을 듣고 싶었던 김인수는 소개받은 한국 학생의 주소를 어렵게 알아내 편지를 썼다. 회신을 기다리는 동안 그는 내심 논문을 쓰는 것만으로도 벅찬데 생면부지의 자신에게 도움을 줄지 확신이 없었다. 더욱이 혁신 이론에 대해서 논문을 쓰는 이라면 그 분야에서 독보적인 존재가 될 사람이 분명한데, 굳이 자신의 학문적 경쟁자가 될 사람을 만나 지식을 공유하려 하겠는가 하는 생각이 들었다. 그런데 뜻밖에도 그 학생은 김인수를 맞이하자마자 하루를 꼬박 할애해서 자신의 연구 성과의 핵심이라 할 내용들을 성실히 설명해주었다. 그렇게 해서 김인수는 자신의 연구 주제를 결정할 수 있었고, 어떻게 연구해가야 할지 큰 그림을 그릴 수 있었다.

이처럼 김인수의 학문 여정에서 중요한 순간에 만난 미국인 젊은 교수가 바로 제임스 어터백이었고 소개받은 학생이 어터백교수와 동갑내기였던 이진주였다. 어터백 교수는 MIT에서 박사학위를 마친 뒤 인디애나 대학교로 잠시 옮겼다가, 후에 MIT로 갈 때에도 김인수를 데리고 갔고, 거기서 공동연구를 진행하기도 했다. 이진주는 카이스트 교수로 재직 중 김인수가 선임연구원으로 있던 MIT 정책연구소에서 그 연구의 결과물을 보게 되었다. 이진주는 김인수를 추모하는 글에서, 그 논문을 통해 자신이 혁신 연구의 새로운 지평에 눈뜨게 되었다고 회상했다.

그러한 경험을 통해 김인수의 학문적 성과와 기여도를 높이 인정하게 되었고, 이것이 훗날 김인수를 카이스트로 이끌게 된 중요한 계기가 되었다.

사실 어터백 교수와 김인수, 그리고 카이스트 사이에는 김인수가 의도치 않았지만 자연스레 생긴 연결고리가 하나 있었다. 그것은 바로 김인수가 MIT 정책연구소에서 수행한 선도적 연구로 인해 1979년과 1980년에 MIT와 카이스트의 전신인 KIST가 한국 기업의 혁신에 관한 대규모 공동 연구 프로젝트를 진행할 수 있었다는 점이다.

한 가지 더 기억해야 할 부분은 바로 김인수가 귀국해서 KDI에서 혁신에 관한 첫 저서를 집필하게 되었을 때, 단독 저술이 아니라 이진주 교수와 공저했다는 사실이다. 김인수는 자신을 위해 시간과 지식을 아끼지 않고 나눠준 이진주를 잊지 않고 있었다. 김인수 또한 이진주가 혁신 분야의 선두 연구자로서, 함께 첫 저서를 공저할 만큼 학문적인 성취를 이룬 학자라고 판단했던 것이다. 그래서 KDI에 있을 때 집필을 시작해 카이스트로 옮긴 뒤인 1982년에 『기술혁신의 과정과 정책』(KDI출판부)이 세상에 나올 수 있었다. 1980년대에 경제·경영 분야에서 이론적으로 가장 높게 기여한 책 중 하나로 선정되기도 한 이 책으로 인해 이진주와 김인수는 혁신과 기술경영이라는 첨단 분야의 전문가로 더욱 인정받게 되었다.

김인수의 학문적 업적은 단지 학계에 머무르지 않았다. 앞서 KDI에서의 사우디아라비아 관련 프로젝트뿐만 아니라 중남미 국가의 경제 정책과 관련한 일화를 간략히 소개했는데, 이 일화는 학술지 「산업과 혁신」(Industry and Innovation) 2003년도 3월호에 실린 김인수 추모글에서도 확인할 수 있다. 이 글에서 「산업과 혁신」 편집위원 중 한 사람이자 김인수와 공동편집장을 지내기도 했던 디터 언스트(Dieter Ernst)는 1980년 초에 있었던 이야기를 들려준다. 당시 멕시코 산업청이 주최한 전문가 회의가 열렸을 때였다. 그때는 중남미 국가들이 첫 번째 금융 위기를 겪기 전이었는데, 그 회의에서 중남미 학자 한 사람이 한국과 같은 수출의존형 국가가 선진국이 되기 힘든 이유와 논리를 제시했다고 한다. 이때 김인수는 차분하고 확신에 찬 말로 반론을 제기했다는 것이다. 그 내용인즉, 위기상황 아래서는 노동자와 관리자의 숨겨진 역량을 동원할 수 있기 때문에 상황이 얼마든지 개선될 수 있다는 것이었다.

카이스트 시절 김인수는 진정한 의미에서 제자들을 길러내기 시작한다. 김영배, 이호선, 이장우, 이홍, 임윤철, 김희천 같은 이들이 김인수에게 사사를 받았다. 그들이 기억하는 김인수는 성품이 온화하고 인격적이면서도 학문적으로는 매우 엄격한 사람이었다. 박사과정 학생은 교수와 전문가적인 동료가 되어야 한다고 학생들에게 강조할 정도였다. 우리나라에서 지도교수와 학생은 마치 아버지와 아들처럼 넘지 못할 벽이자 철저히 의존적인 상하관계로 인식되어져 왔기 때문에 많은 학생들이 김인수의 높은 학문적 기준에 좌절하기도 했다. 아무래도 처음으로 제자들을 받아 지도했기 때문에 더 엄격했을지도 모른다. 실제로 고려대학교로 옮긴 뒤에는 두 기관의 학문적 연혁이나 목적이 달라서 카이스트 시절만큼 높은 학문적 기준을 학생들에게 강요하지는 못했지만, 기준 자체의 흔들림 없는 엄격함과 연구하는 자세의 중요성에 대한 강조만큼은 카이스트 시절과 차이가 없었다. 연구 중심 학교로서 연구에 전념할 수 있는 최적의 조건을 제공해주었던 카이스트에서 김인수는 1980년부터 1985년까지 교수로 재직했다.

사실 카이스트는 김인수가 연구하고 학생들을 교육하기에 최적의 장소였지만 카이스트가 대전 대덕연구단지로 이전하기로 결정되었을 때, 김인수는 가족을 우선시하여 대전으로 가지 않기로 결정했다. 이 결정에 대해 이진주 교수는 당시를 회상하면서 다소 섭섭했다고 말했다. 왜냐하면 다른 학교에서 기회를 주지 않았을 때 자신이 어렵게 카이스트의 교수진으로 끌어들인 김인수가 정작 서울에 남겠다고 했기 때문이었다. 하지만 이진주 교수는 자신이 뇌졸중으로 쓰러진 이후 가족의 중요성을 재발견함으로써 그 당시 김인수가 서울에 남기로 결정했던 가장 큰 이유가 바로 가족을 중요하게 생각했기 때문이라는 사실을 깨닫게 되었고, 그때서야 그의 결정을 이해하게 되었다고 했다.

고려대학교에 자리를 잡다

1985년, 김인수는 고려대학교 경영대학으로 자리를 옮긴다. 카이스트에 있던 김인수를 눈여겨 본 어윤대 교수(전 고려대학교 총장)가 당시 인사·조직 분야가 약했던 경영대학을 강화하고자 초빙에 적극적으로 나섰다. 당시 경영대학 학장이었던 김동기 교수는 김인수가 아주 뛰어난 학자이며, 영어로 쓴 연구 논문도 많고, 강의도 잘하는 전형적인 명교수라고 어윤대 교수가 강력히 추천했다고 회고한다. 경영대학 측에서는 김인수의 이력서와 연구 업적 목록, 각종 논문과 저서를 받아서 검토한 다음, 해당 분야 교수들의 동의를 얻어 1985년 김인수를 고려대학교 경영대학 전임교수로 초빙했다.

김인수는 18년 동안(1985-2003) 고려대학교에 재직하면서 학자이자 선생으로서 큰 영향을 끼치게 된다. 고려대학교는 김인수에게 학문적 고향과 같았고, 한국에서 경영학 교육의 토대가 되었다. 김인수가 경영학계에 끼친 영향은 그가 지도한 학위 과정 학생수를 봐도 알 수 있다. 김인수가 고려대학교에 재직하면서 배출한 학생은 석사 28명, 박사 15명이었다.

김인수가 KDI에서 근무한 기간은 2년이고, 카이스트에서 재직한 기간이 6년이므로, 고려대학교 경영대학에서 교수로 보낸 열여덟 해는 김인수의 학문적 생애에 있어서 절정이자 원숙기라고 할 수 있을 것이다. 이러한 점은 그가 진행한 국내외 연구 프로젝트뿐만 아니라 그의 주 저서인 『Imitation to Innovation: The Dynamics of

Korea's Techonological Learning』이 1997년에 하버드 비즈 니스 스쿨 출판부를 통해 출간된 것을 봐도 알 수 있다. 이 저서는 하버드대학과 콜럼비아 경영대학원의 주교재로 선택되었고, 나중에 한국어로 번역되어 『모방에서 혁신으로: 한국에서의 기술학습의 동태성을 중심으로 』라는 제목으로 출간되기도 했다.

또 그 이전에 유일하게 한글로 출간한 『거시조직론: 이론과 실제』(무역경영사, 1991)는 지금까지 인사조직분야의 대학생 및 대학원생의 필독서로 경영학 전공자들에게는 범용적으로 인용되고 있다. 이 저서에서 제시된 조직이론의 구성과 종합성 및 체계성, 그리고 한국기업 및 한국경제에 제시하는 현실성은 그 어느 학자도 쉽게 넘볼 수 없을 만큼 현재까지도 독보적인 자리매김을 하고 있다는 것이 이 분야 여러 학자들의 중론이기도 하다.

김인수가 고려대학교에 근무하던 기간은 학자이자 교육자로서뿐만 아니라 공직자로서 중차대한 행정 업무를 담당한 시기이기도 하다. 이것은 연구자이자 교육자로서 김인수가 닦아온 실력을 위기 상황에 놓인 국가의 행정, 연구분야에서 펼치는 기회가 되었다.

고려대학교에서 재직하는 동안 김인수가 보여준 모습은 별도로 자세히 언급할 필요가 있으므로 아래에서 살펴보기로 한다.

전문인으로 살다

여기서는 사회적 활동 가운데 나타난 김인수의 모습을 세 가지 측면에서 살펴볼 것이다.

첫째, 학자로서의 김인수이다.

사실 학자로서의 정체성만 갖고도 공직자와 교육자로서의 김인수의 특성을 모두 아우를 수 있을 것이다. 이처럼 그의 학자로서의 면모는 김인수를 설명함에 있어서 가장 중요한 핵심이라고 할 수 있다. 김인수는 학자로서 항상 탁월함을 강조했다. 그 근저에는 성실함과 정직함이 깔려 있었다. 엄밀하게 연구하여, 학계와 현장에 실제로 기여할 만한 성과를 이루고자 했다. 김인수가 학자로서 어떤 마음가짐으로 연구해왔는지는 그가 2002년 2월 16일에 수상한 상남경영학자상 수상 기념 강연문에 잘 나타나 있다.

먼저 김인수는 그 강연에서 교수가 되기까지 자신의 삶을 정리한 다음 전공을 선택하기까지 여러 분야를 공부하게된 과정을 언급하면서 다양하고 폭넓게 공부한 것이 도움이 됐다고 했다. 실제로 김인수의 학문적 업적을 평가할 때 꼭 따라오는 말은 다양한 분야를 아우르는 학제간 연구를 성공적으로 이끈 연구자라는 평가이다. 그런 점에서 MIT에서 기술혁신 정책을 연구하고, KDI에서 산업 정책을 연구한 뒤 카이스트와 고려대학교에서 교수직을 수행한 것은 폭넓은 시야와 관심사를 가지고서 교수직을 수행했음을 뜻한다.

이는 오늘날 사회가 요구하는 통합형 인재의 훌륭한 표본이라고 할 수 있다. 김인수는 교수가 제공해야 할 서비스를 편의상 크게 다섯 가지로 구분했다. 첫째, 국제 무대에서 새로운 이론을 개발하는 경쟁적 학문 활동을 한다. 둘째, 학부 교과서를 잘 써야 한다. 셋째, 학교와 기업에서 명강의를 펼친다. 다음으로 기업 컨설팅이며 마지막은 대학, 정부, 사회에서의 보직 등 사회 활동을 잘 수행하는 것이다.

이를 위해서 그는 연구하는 시간을 최대로 확보하고자 애썼으며, 기업 강의의 경우에는 사장급 이상의 특별한 경우가 아니면 정중히 사양하였다. 또한 기업 프로젝트도 연구논문을 쓰거나 석·박사 학생이 논문을 쓸 수 있을 정도의 깊이 있는 연구과제가 아니면 고사했다. 기업 컨설팅이나 학교와 사회 활동도 선별적으로 했고, 다른 사람이 잘할 수 있는 일은 자신이 하지 않기로 결정했다. 김인수의 삶을 보면 대체로 이 원칙들이 잘 지켜진 것으로 보인다.

앞서 말한 바와 같이 카이스트에 있을 당시 김인수는 연구에 전념할 수 있었다. 매주 한 과목만 가르치면서, 대학원생들의 논문 지도 외에는 다른 잡무가 없었기 때문이다. 그래서 그는 자신이 설정한 원칙을 따라 학계에 기여할 만한 가치가 있는 주제에 몰두할 수 있었고, 그러한 기준을 자신이 지도하는 학생들에게도 적용할 수 있었다. 그때부터 김인수는 새로운 프로젝트를 진행해나갈 수 있었다. 이러한 원칙은 이후 바쁜 일정 속에서도 연구의 초점을 지속적으로 유지하면서 성과를 거둘 수 있었던 중요한 밑바탕이 되었다.

그도 그럴 것이, 고려대학교로 옮긴 김인수는 매주 16시간씩 강의를 하고도 다른 행정적인 업무에 시달려야 했기 때문에 카이스트에서의 원칙이 바탕이 되지 않았다면 학문적 성과의 지속성을 담보하기 어려웠을 것이다. 비록 상남경영학자상을 수상하던 2002년 당시에는 주당 수업시간이 6시간으로 줄었다고는 하나 카이스트에 있었을 때와 비교하면 여전히 연구에 전념하기에 쉽지 않은 상황이었다.

그러던 중 1989년에 김인수는 협심증으로 병원 중환자실에 입원하게 된다. 의사는 김인수에게 무리하지 말기를 권했고, 김인수는 충고를 따랐다. 그러나 두어 달 후 나태해진 자신의 모습을 보면서 교수직을 그만둬야 할지 아니면 연구생활을 계속할지 심각하게 고민하게 된다. 하지만 심장이 견디는 범위 내에서 연구를 계속하기로 결정했고, 서서히 연구생활에 박차를 가해서 이내 예전과 대등한 수준의 연구 업적을 내게 된다.

이 밖에도 김인수의 연구생활에 중대한 지장을 초래한 사건으로는 1996년에 정부 출연 연구소의 소장으로 임명받은 일을 들 수 있을 것이다. 과중한 업무 때문에 연구를 진행할 수 없었던 김인수는 3년 임기 동안 연구에 손을 놓을 경우 학교에 돌아와서도 연구를 이어갈 수 없을 것으로 판단했다. 그래서 그 바쁜 와중에도 연구를 계속하고자 주말에 논문을 쓰기로 결정했다. 가장 바쁜 소장이 계속해서 외국 학술지에 연구 업적을 내니 50여 명의 박사 연구원들이 시간 없다고 핑계대던 분위기가 확 바뀌기도 했다.

이처럼 김인수는 스스로 자신을 한계에 몰아붙임으로써 지속적으로 성과를 도출하려 애썼던 사람이었다. 그 점이 그의 제자들에게는 뛰어넘을 수 없는 벽으로 느껴지면서도 스승에 대한 진심어린 존경을 갖게 만들었다.

김인수의 학문적 열정뿐만 아니라 그의 인격적 성실함과 정직함은 연구비 확보와 사용에 있어서도 드러난다. 그는 국내 학술기관에는 연구비 신청을 하지 않기로 원칙을 정했는데, 그 이유는 연구 결과에 대한 품질 관리를 하지 않음으로써 연구자의 발전을 도모할 수 없다는 이유에서였다. 그래서 비록 연구비는 적지만 주로 외국에서 연구비를 받아서 연구를 진행했다. 김인수의 이름이 외국에 알려지게 되자 굳이 연구 제안서나 계획서를 쓰지 않아도 특정 주제를 선정해서 연구를 진행해달라는 부탁이 많이 들어오게 되었다. 그 결과, 그는 연구 결과에 대해 피곤할 정도로 품질 관리를 하는 외국의 연구 용역만 맡아서 진행함으로써 그 연구 결과를 논리적으로 정리해 국제 학술지에 발표할 수 있었다. 이러한 원칙은 자기 스스로에게 위기를 조성한 다음, 그 위기를 해결해가는 과정에서 학문적으로 한 단계씩 성장해 나갔던 김인수의 보이지 않는 힘이었다.

이런 연구 방식은 김인수의 연구 프로젝트에 참가한 학생들에게도 영향을 끼쳤으며, 연구를 진행하는 과정에서 연구비를 실제 참여도와 기여도를 따라 당시 기준으로는 파격적으로 지급해 학생들이 놀랄 정도였다. 연구 보조에 대한 보상도 자율적으로 적용해 일한 만큼 시간을 기록하게 함으로써 연구에 참여한 시간만큼 지급했던 것은 학생들에게 놀라운 일이었다. 지금도 우리 사회에서 연구비와 관련해 투명하지 않아 잡음이 이는 경우가 많은 상황을 생각해볼 때, 이러한 모습은 김인수의 사람됨을 잘 보여준다고 하겠다.

그런데 그가 자신의 연구생활을 돌아보며 한 가지 아쉬워했던 것이 있다. 그것은 다작보다 좋은 논문을 최우수 학술지에 기고하는 것이 국내외 학자들에게 큰 영향을 미칠 수 있어 더 나았을 것이라는 점이었다. 경영학계의 변화가 빠르고, 특히나 연구 성과에 비해 국내 학자의 연구가 외국에서도 인용되는 경우가 적은 것을 감안할 때, 김인수 같은 학자에게는 소수지만 양질의 논문을 통해 영향을 끼치는 것이 더 좋았을지도 모르는 일이다.

반면, 김인수가 학자로서 자신의 여정을 돌아보며 잘했다고 판단한 것은 영어로 여러 권의 책을 써서 하버드나 케임브리지 등 학술 전문기관인 대학교출판부를 통해 저서를 출간한 것이다. 이렇게 함으로써 학문적 동료들에게만 읽히던 글이 넓은 독자층을 갖게 되어 저자의 학문적 활동뿐 아니라 전반적으로 사회에 큰 도움이 되기 때문이다.

학술지에 기고하고 저서를 출간하는 방법에 대한 김인수의 이러한 생각은 연구자 각자의 상황과 자질에 따라 다르게 적용돼야 할 부분이 있지만 학문적 탁월성을 갖추기 위해 연구자가 어떤 노력을 기울여야 할 것인지 보여주는 하나의 예가 될 것이다.

김인수의 학문적 업적에 대해 해외 학자들조차도 인정하는 공통된 기여로 다음 두 가지를 꼽을 수 있다.

첫째, 하버드 대학교를 비롯하여 예일대, UC버클리대, MIT, 컬럼비아 대학교 등 15개의 미국 명문들과 중국, 싱가포르, 네덜란드, 이란 등 세계의 유수 대학 20여 곳으로부터 초청을 받아 세미나와 강연을 하였다. 또한 멕시코를 비롯한 18개국의 정부 및 민간단체에서 주최한 세미나에 초청되어 다른 개발도상국들의 경제 발전을 위해 실질적인 도움을 제공했다.

둘째, 1984년부터 12개의 국제적인 최우수 학술지의 논문심사 위원 내지 편집자문위원을 지냈으며, 서거한 2003년 초까지도 「경영학」(Management Science) 연구정책(Research Policy) 등 미국과 유럽의 7개 유수 학술지의 공동편집장, 편집위원, 편집 자문으로서 논문을 심사했다.

김인수의 이러한 학문적 업적을 기려 세계적인 학술지인 「산업과 혁신」(Industry and Innovation) 2003년 봄호는 2월 6일자로 "In Memorium: Linsu Kim 1938-2003"이라는 제하의 추모란을 게재하면서 김인수 교수를 혁신 연구에 기업의 현장 연구를 접목시킨 '위대한 학자'일 뿐 아니라 '진정한 교육자'로서 평가하기도 했다.

그 밖에도 김인수는 국내 학회 발전에도 남다른 관심과 열정을 기울여 기술경영경제학회 및 한국인사조직학회, 그리고 한국지식경영학회의 설립을 주도하였을 뿐 아니라 학회장을 역임하였고, 한국경영학회와 중소기업학회 등의 이사 및 편집위원장으로서 학회의 비전과 역량을 구축하는 데 큰 기여를 했다. 또한 한국인사조직학회에서 매해 인사조직 분야에 기여한 김인수를 기려 그 분야에서 가장 탁월한 연구 업적을 낸 학자들을 시상하는 '김인수 학술상'을 제정한 것을 볼 때, 김인수가 그 분야에 얼마나 큰 기여를 했는지 잘 알 수 있다.

둘째, 공직자로서 김인수이다.

김인수는 1996년부터 1998년까지 정부출연기관인 과학기술정책관리연구소(STEPI: 현 과학기술정책연구원) 소장으로 활동했으며, 1999년부터 2000년까지는 '국민의 정부'를 표방했던 김대중 정권 하에서 행정개혁위원회 위원장을 역임했다. 또한 2002년부터 2003년까지는 인문사회연구회 이사장을 역임함으로써 대학의 울타리를 넘어 국가행정 영역에서도 자신의 책임을 다했다.

먼저 과학기술정책관리연구소(이하 STEPI) 소장 시절을 살펴보자. 김인수의 동료들과 제자들이 김인수를 기리며 실은 글들을 모은 『치우치지 않는 걸음으로』(비전북)를 보자. 이 책에는 당시 김인수와 함께 STEPI에 근무했던 임기철(STEPI 부원장), 이공래(STEPI 연구위원)의 글이 있는데 이를 통해 당시 김인수 소장의 모습을 엿볼 수 있다. 그가 STEPI 소장으로 일하기 시작한 것은 1996년 여름이었다. 그때 연구소장 김인수는 6개의 태스크포스팀을 구성해 조직원들이 조직의 문제를 확인하고 자발적으로 해결할 수 있는 분위기와 능력을 배양하는 일을 추진하고자 했다. 이를 위해 기획조정실을 만들어 추진 프로그램의 구체적인 로드맵을 만들고 조직의 기틀을 다지게 했다. 그는 STEPI 조직이 핵심 역량을 갖출 수 있도록 학습조직이 되어야 한다는 것을 강조하면서, 선정한 책을 연구소 직원들이 읽고 독후감을 쓰도록 했고 이를 연말 개인평가에 반영했다.

김인수는 연구소에서 진행할 주요 프로젝트에 적합한 인재를 배치함으로써 조직의 효율성을 살렸다. 그러한 예는 앞서 언급한 기획조정실에 임기철을 배치한 것뿐만 아니라 연구소 총서 시리즈 책임자로 이공래 박사를 배치한 데서도 엿볼 수 있다. 연구소 총서 시리즈 중 첫 책인 『한국의 기술혁신에 대한 이해』는 해당 분야의 베스트셀러가 될 정도였다. 그뿐만 아니라 국제 컨퍼런스 등을 개최하여 국가 혁신체제라는 주제의 논의를 주도함으로써 혁신 연구의 새지평을 열기도 했다. 또한 연구소 조직이 역동적인 네트워크로 작동하는 기틀을 갖추었다. 이러한 유산은 현재의 STEPI 조직에도 반영되어 있으며, 이는 STEPI 홈페이지의 조직도 등을 통해서 확인해볼 수 있다.

한편, 근검절약하는 모습은 STEPI 소장 시절에도 여전해서 직원들과 갈등이 있을 정도였다고 임기철은 말한다. 예를 들어, 회의 중

근처 식당에서 가졌던 점심식사 자리에서 소장인 김인수가 먼저 생태가 아닌 값싼 동태탕을 주문하면 동석한 직원들은 의례 동태탕을 주문하지 않을 수 없었다. 이러한 모습에 "우리 장사에는 도움이 안 되지만, 소장님같이 근검절약하시는 분이 나라 일을 하니 마음이 놓인다."고 연구소 근처에 있던 한 단골식당 여주인은 공개적으로 평하기도 했다.

하지만 연구소장으로서의 이런 노력에도 불구하고, 김인수가 경제 위기를 예고하던 1997년, 연구원들의 해외 출장 자제를 요청하면서 자신은 국제적인 행사에 참여하는 모습을 보고 노동조합원들이 자신을 오해하고 비판한 데 대해 괴로워했던 적도 있었다. 연구소가 출범한 지 5년이 될 무렵에는 연구소 체제를 두고 비판이 일기도 했다. 하지만 이러한 비판에 대해 김인수는 자신의 억울함을 토로하거나 정당성을 주장하지 않았다. 그리고 누군가가 자신을 대변해주거나 항변해주기를 바라지도 않았다.

그 당시 김인수의 삶의 자세를 단적으로 보여주는 일화가 있다. 1996년도 국정감사를 대비하던 때였다. 예상 질의 자료를 작성하는 과정에서 김인수는 임기철에게 '혼을 불어넣은 자료를 준비해달라'고 했다. 실무자인 임기철은 가벼운 비중의 자료이기에 "이 자료는 그리 정성을 쏟지 않아도 됩니다."라고 말했다. 후에 업무 성격을 알게 된 김인수는 실무자의 그런 발언에 대해 책망하지 않았다. 그러나 작은 일 하나에도 김인수는 마음을 다하려 했고, 함께 일하는 이들에게도 그러한 자세를 요구했다.

다음으로 행정개혁위원회의 위원장 시절을 살펴보자. 이에 대해서는 후에 기획예산처로 변경된, 그 당시 대통령 직속 기획예산위원회 위원장을 맡고 있던 진념(전 경제부총리 겸 재정경제부장관)의 증언이 행정개혁위원회 위원장 김인수의 모습을 잘 말해준다.

1998년 당시 우리나라는 국제통화기금(이하 IMF) 관리 체제 아래서 경제 위기 상황을 겪고 있었다. 그 와중에 새로 출범한 김대중 대통령의 국민의 정부는 경제 위기 극복에 총력을 기울이던 참이었다. 압축 성장 과정에서 생겨난 여러 문제들이 국가 경쟁력을 약화시키고 있었다. 그래서 정부는 공공부문 개혁, 금융 개혁, 기업 개혁, 노동 개혁 등 4대 개혁을 국정 과제로 정하고 각 부문에 대해 과감한 구조조정에 착수했다.

공공부문 개혁은 기초 자료조차 축적되지 않은 상태라 이 업무의 총괄 책임기관인 기획예산위원회의 진념 위원장은 잠도 못 이룰 정도였다고 한다. 그런 상황에서 실질적으로 공공부문 개혁을 주도하는 행정개혁위원장으로 김인수가 발탁되었다. 그는 행정개혁위원장직을 수락하면서, "정부도 행정 서비스를 제공하는 다른 형태의 기업으로 정의할 수 있다."고 말했다.

행정개혁위원회가 가장 먼저 손을 댄 작업은 정부 산하 연구기관의 구조조정이었다. 그 핵심은 연구기관의 자율성을 보장하면서도 연구기관 간의 경쟁 체제를 확보함으로써 효율성을 극대화하는 것이다. 이를 위해 각 부처 소속 연구기관을 국무총리 산하의 5대 연구회 체제로 개편하는 방안을 채택했다. 이를 입법화하는 과정에서 김인수는 직접 국회의원들을 만나서 설득하는 적극적인 모습을 보였다. 이전에 STEPI 소장으로 재직하면서도 예산 확보를 위해 국회의원들과 직접 만나 설득했던 그였기에 위기 체제 아래서 시급한 공공부문을 개혁하기 위해 이렇게 적극적으로 나서는 것이 당연한 일이었다. 행정개혁위원회가 길을 닦아놓음으로써 기획예산위원회는 뒤이어서 공기업 구조조정과 연구기관 구조조정, 정부 조직 개편에 이르기까지 상당히 많은 개혁 과제를 단기간에 추진할 수 있었다. 당시 부총리였던 진념은 행정개혁위원회 업무가 매일 밤늦게까지 회의와 논의를 거듭할 수밖에 없었고, 위원들은 개성이 강하고 전문가 집단으로 구성돼 있어서 그 위원회를 이끄는 것이 쉽지 않았을 것이라고 회고한다. 그런 점에서 볼 때, 김인수는 단순히 조직 이론가를 넘어 그 자신이 현장에서 조직의 리더로서 그 역할을 훌륭히 감당한 것으로 보인다.

행정개혁위원회의 위원장 역할을 성공적으로 감당한 김인수의 모습이 당시 김대중 대통령과 실무진에게 매우 긍정적으로 인식되었다. 그 결과 김인수는 인문사회연구회 이사장직을 제안받았고, 그 제안을 수락해 2002년부터 2003년까지 제2대 인문사회연구회 이사장직을 수행했다. 본래 인문사회연구회는 경제사회연구회와 함께 경제 인문사회 분야의 정부출연기관 지원 및 육성과 체계적 관리를 통해 지식산업 발전에 이바지하기 위해 설립된 정부 출연 연구기관이었다. 이 연구회는 국가연구기관의 조직 정비와 개혁과 혁신을 위한 기구였기 때문에 김인수가 수행했던 마지막 공직이 된 인문사회연구회의 이사장직은 그로 하여금 한국의 국가혁신체제를 개혁하기 위한 아이디어들을 실천할 수 있는 장이 되었다.

김인수가 인문사회연구회 이사장직을 맡고 있을 당시 사무국장이었던 이석희는 김인수가 일하는 방식에 있어서는 엄격했지만 부하 직원의 인격을 존중했다고 회고한다. 또한 모든 면에서 모범을 보였는데, 공금 사용에 있어서도 특히 그러했다고 한다. 원칙을 중요시하는 김인수의 리더십은 여기서도 두드러져서 소관 기관 내에 내부적 갈등으로 인해 경영상의 문제가 생기자 그 진상을 확인할 인사를 추천받고자 할 때 '원칙에 충실한 사람을 추천해달라'고 했다고 한다. 직원들의 배움과 성장을 독려하는 자세는 인문사회연구회 이사장직을 수행할 때도 동일했다. 그래서 중간 간부들에게 직접 리더십 교육을 하기도 하고, 짧은 시간이라도 내서 미국 합참의장을 지낸 콜린 파월의 책을 가지고 리더십에 대한 실제적 교훈을 얻을 수 있도록 이끌었다. 김인수가 후진 양성과 원칙 중심의 사회적 실천을 강조한 것, 기술 혁신을 통해 기업 경쟁력을 높여 세계적인 한국 기업을 만들고자 했음을 말하면서, 이석희는 김인수가 도산 안창호 선생과 닮았다고 했다.

위에서 언급한 직책 외에도 김인수는 한국공학한림원의 기술경영

정책분과위원장을 역임하는 등 국내외의 과학기술 부분의 정책에 깊이 관여해왔으며, 세계은행과 아시아개발은행의 컨설턴트 등 이사 역할을 통해 다른 개발도상국의 산업화와 기술정책에 대한 조언을 아끼지 않았다. 또한 기본과 원칙을 지키며 살려는 사람들의 공동체인 태평로 모임 공동대표, 기독교윤리실천운동본부 공동대표 및 이사장, 국방개혁심의위원회 위원, 정보통신부 통신정책협의회 위원 등 국내 사회개혁 운동에도 깊이 참여했다.

셋째, 교육자로서 김인수이다.

KAIST 경영대학의 김영배 교수는 자신의 지도교수였던 김인수와 함께 방위산업체 예비조사를 나갔던 일화를 들려준다. 김인수는 지도하는 초기부터 서구의 이론이 아니라 한국이라는 현장에서 발생하는 사례를 가지고 이곳의 현실을 다룰 수 있는 학문적 틀을 개발하도록 논문 지도 초기부터 계속해서 강조하며 가르쳤다고 한다. 특히 학생들에게는 최신 논문을 계속해서 읽고, 자신만의 연구방법론을 개발하도록 독려했다. 논문 제안서를 들고 오는 학생에게 자신만의 연구방법이 무엇인지 집요하게 물었고, 그것이 연구할 만한 가치가 있는 것인지 냉철하게 평가했다.

김인수의 회고에 따르면 연구 초기에는 자신의 수학적 배경을 바탕으로 계량분석적인 연구방법을 사용했지만 외국의 사례에 해당하는 방법론으로 한국의 특수성을 담아낼 수 없음을 깨닫고 나서는 한국적 상황에 맞는 방법론을 사용하기로 했다. 그래서 그는 미시적인 연구보다 좀 더 전체적인 관점에서 한국적 현장을 담아내는 새로운 이론과 가설을 개발하는 개척적 연구를 시도했다. 이 점이 경영학자 김인수가 학계에 기여할 수 있었던 주요 요인이라 할 수 있다.

게다가 김인수는 자신이 지도하는 학생들에게 연구 주제를 제시하기보다 스스로 찾아 오도록 독려했다. 그러다 보니 학생들이 논문 주제를 정하는 데도 많은 시간과 노력이 필요할 수밖에 없었다. 그러나 그 과정을 잘 통과한 학생들은 그러한 김인수의 지도야말로 학생들로 하여금 스스로 공부하는 방법을 가르쳐준 것이라고 이구동성으로 말한다. 김인수는 학생들이 논문 주제를 찾는 과정에서 참으로 많은 것을 배울 수 있음을 확신했고, 그러한 배움의 기회를 지도교수가 학생에게서 뺏어서는 안 된다고 믿었다.

카이스트에서 교수 생활을 할 때 김인수는 상대적으로 매우 엄격하고 학문적 기준이 높았던 것으로 보인다. 그 이후에도 그가 내세우는 학문적 기준이 낮아졌다고 말하기는 어렵지만, 지도하는 학생들에게 기대하는 수준은 현실적인 부분을 고려하여 조정된 것으로 보인다. 그 점은 카이스트에서 김인수에게 지도받은 학생들이 고려대학교에서 김인수를 만나거나 그의 강의를 들었을 때 느낀 점이었다. 계속된 교수 생활에서 얻게 된 지혜이자 연륜이라고 할 수도 있을 것이고, 다른 한편으로는 학생들의 수준에 자신의 기대치를 맞

출 수밖에 없는 현실에서 비롯된 변화이기도 했을 것이다.

이와 관련해 김인수의 고려대학교 교수 시절 제자인 최후남은 김인수가 고려대학교 학생들에 대해 가지고 있었던 생각이 어떻게 변했는지에 대한 일화 하나를 들려준다. 처음에 김인수는 고려대학교가 카이스트보다 연구 환경이 좋지 않고, 고려대학교 학생들이 카이스트 학생들보다 공부를 열심히 하지 않는다고 생각했던 것 같다. 하지만 얼마 지나지 않아서 고려대학교의 분위기와 학생들에 대해 대단히 만족해했다고 말한다. 그리고 특히 학부생들을 매우 사랑했다고 한다. 그가 고려대학교에서 많이 부드러워졌다고 카이스트 제자들이 말했다는 것을 들은 김인수는 아무 말 없이 그저 웃기만 했다는 일화도 있다.

사역자로 살다

앞서 정리한 김인수의 생애가 일면 화려해보이는 사회적 면모를 보여준다면, 성경교사이자 가정사역자, 교회의 장로로서 헌신한 김인수의 삶의 모습은 어떻게 해서 그런 사회적 활동이 가능했는지 그 힘의 근원을 보여준다.

미국에서 귀국한 1978년, 김인수 가족은 한국에 도착해서 짐을 풀었다. 그 후 가까운 교회에 출석하기 시작했다. 그 교회는 홍정길 목사가 목회하던 반포의 남서울교회였다. 김인수의 마지막 순간을 함께 했던 홍정길 목사는 김인수가 자신을 처음 만났을 때, 그가 걸어온 신앙여정을 들려주었다고 했다. 그 뒤 김인수 가정을 처음 심방했을 때, 그는 죄 문제와 예수 그리스도의 십자가야말로 기독교의 본질이며, 이 본질을 이해하지 못한 채 교회가 계속 자라왔다는 점을 말했다고 한다. 이처럼 김인수는 어떻게 하면 성경대로 살 수 있을까, 어떻게 하면 교회가 하나님의 말씀대로 행할 수 있을까 고민하는 사람이었다.

김인수의 그런 고민은 다음과 같은 세 가지 모습을 통해 엿볼 수 있다. 다만 제2부에서 신앙을 기초로 해 그가 걸어간 길을 다시 다룰 예정이므로 여기서는 그의 면모를 간단히 정리해보고자 한다.

첫째, 성경 교사로서 김인수이다.

합동신학대학원 교수를 지내고 은퇴한 윤영탁은 이른 시기에 김인수와 만나 신앙적 교제를 나눈 사람이다. 그가 김인수 가족을 만난 것은 김인수가 블루밍턴에 있는 미국 인디애나 대학교에서 박사과정을 밟던 1970년대 초반이었다. 당시 윤영탁은 인디애나 대학교 음대에 재학 중이던 자신의 아내와 함께 그곳에서 성경공부를 인도하고 있었다. 교회를 세우자면 경제적 자립이 뒷받침되어야 하는데, 모인 사람들 대다수가 유학생들이었고 윤영탁도 귀국을 준비하고 있었기 때문에 교회 건립이 쉽지 않았다. 그래서 자신들이 임차해 지내던 집에서 주일 오후 성경공부 모임을 인도하고 있

있는데, 그 모임이 시작된 지 얼마 되지 않아 김인수 내외가 그 모임에 참석하게 되었다. 윤영탁 가족이 귀국하게 되자 그 모임을 김인수가 맡게 되었고, 이 모임으로부터 블루밍턴에 첫 한인 교회가 탄생하게 되었다.

윤영탁과의 인연은 그 뒤로도 계속됐다. 1970년대 후반 윤영탁이 한 교회에서 새가족부를 지도하고 있을 때 김인수 내외를 종종 강사로 불렀는데, 윤영탁의 고백에 따르면 지도목사인 자신보다 김인수 내외의 강의가 더 인기가 높았다고 한다.

김인수는 자신이 신앙을 갖게 된 초기부터 죠이클럽이나 은하수학교 등을 통해 리더십과 가르치는 은사를 드러냈다. 그러한 은사는 이후 성경공부 모임을 통해서 더욱 분명히 확인할 수 있었다. 성경 교사로서 가르치는 은사는 이후에 계속된 목요 성경공부 모임이나 가정 사역자로서 행한 특강, 북미유학생수양회(KOSTA, 이하 코스타)에서 한 설교와 강의를 통해 확연히 드러난다. 김인수 자신도 자기의 은사가 가르치는 데 있었음을 알고 있었다. 김인수는 코스타에서 행한 강연에서 하나님께서 자신에게 가르치는 은사를 주신 것 같다고 말하기도 했다.

김인수는 1978년 귀국한 이후 25년 동안 매주 목요일 자신의 가정을 개방하고 성경공부를 인도하였다. 그 성경공부에 참석했던 김윤배는 김인수가 이끄는 성경공부가 단지 '성경 구절을 분석하고 연구하는 것보다 삶을 나누는 것이 주 목적'이라는 그의 말에 충격을 받았다. 김윤배가 참석했던 목요 성경공부는 초교파적인 모임으로서, 성경공부를 하고 싶은 사람이면 누구나 참석이 가능했다. 김인수 부부는 당시에 여러 직책을 맡아서 매우 분주한 상태였음에도 불구하고, 목요 성경공부를 거르지 않으려고 부단히 애썼다. 김인수는 한 강의에서 그 모임에 빠지지 않고 참여하려 했던 주된 이유로 '가르쳐야 하기 때문에 자신이 말씀을 읽게 되고 말씀으로부터 배우게 된다'는 점을 들었다. 그 공부 모임은 단순히 성경에 대한 지적인 연구가 아니라 삶을 변화시키는 말씀의 경험을 목표로 자신의 삶을 반성하며 돌아보게 만드는 모임이었다.

둘째, 교회 장로로서 김인수이다.

사실 김인수가 남서울은혜교회에 속하게 된 시기는 한국장로교회사에서 또 하나의 큰 아픔이 찾아오기 직전이었다. 1980년 6월 29일, 김인수는 안수집사 직분을 받게 되는데, 얼마 지나지 않은 8월 1일 남서울교회는 소속된 대한예수교장로회(합동) 남서울노회를 탈퇴하게 된다. 이른바 교권주의 문제로 합신측이 갈라져 나가게 된 것인데, 그 가운데 남서울교회가 있었다. 그리고 나중에 합동신학원 강의가 시작된 곳도 바로 남서울교회당이었다. 그러니 김인수가 귀국 후 보게 된 한국장로교회의 모습이 얼마나 어두웠겠는가.

그 후 1년 뒤인 1981년 12월 27일, 김인수는 남서울교회의 장로가 되었고, 1992년 1월 12일 장로직을 사임하기까지 교회를 성실히 섬겼다. 김인수가 1992년에 남서울교회의 장로직을 사임한 것도 남서울중동교회 사역을 분담하기 위해서였다. 1995년 10월 15일에는 남서울중동교회와 은혜교회가 합동하여 그 이름을 남서울은혜교회라 하고 은혜교회당을 예배당으로 쓰게 되었다. 장로 김인수가 2003년 1월, 남서울은혜교회가 세운 밀알학교 예배당에서 주일 예배를 마치고 나와 이동하다 빙판에 미끄러진 걸 생각하면, 김인수가 얼마나 한결같이 교회를 섬겼는지 알 수 있다.

셋째, 기독교 사회 운동가 김인수이다.

김인수는 대외적으로 여러 가지 기독교 관련 직책을 맡았는데, 그 중에서 가장 중요한 직책을 꼽으라면 기독교윤리실천운동본부(이하 기윤실) 공동대표 및 이사장(1987–2002)을 맡은 일일 것이다.

기윤실은 장기려, 이명수, 이만열, 최창근, 이세중, 김인수, 손봉호, 원호택 등 38명의 기독교인들이 발기인이 되어 1987년 12월에 정식으로 발족하였으며, 서울대학교 관악 캠퍼스에 매주 목요일 점심시간에 모여 성경공부를 하던 몇몇 그리스도인 교수들이 1987년 봄에 처음으로 구상한 모임이다. 기윤실 홈페이지에는 그리스도인이 갖추어야 할 도덕적 삶이라는 제목 아래 다음과 같이 설립 취지를 적어놓았다.

"그러나 한 가지 분명한 것은 민주주의와 사회 평등 등 사회 이상을 달성하는 데 있어서 그리스도인이 반드시 갖추어야 할 것은 개개인의 도덕적인 삶과 윤리적 모범이라고 생각했습니다. 아무리 구조가 훌륭하더라도 그 구조 아래 있는 사람들이 도덕적이지 못하면 좋은 구조는 아무 소용이 없고, 만약 그리스도인들이 도덕적 모범을 보이지 못한다면 사회의 도덕적 타락에 대해서 아무 비판도 할 자격이 없음을 자각했습니다. 구조 개혁의 중요성을 무시하지 않으면서도 그리스도인은 마땅히 자신들의 삶을 도덕적으로 만드는 것이 필요하다고 생각하여 시작된 것이 바로 '기독교윤리실천운동'입니다."

김인수가 이 모임에 전폭적인 지지를 보낸 이유는 분명했다. 한국 사회가 이토록 큰 어려움을 겪는 이유는 정직하고 투명하지 못함에서 비롯되었으며, 무엇보다 그리스도인들이 세상 속에서 소금의 역할을 하지 못한 데 있다고 보았기 때문이다. 김인수의 이런 문제의식은 청년, 대학생들을 대상으로 한 특강에서나 기본을 지키려는 사람들의 태평로 모임을 결성한 데서도 잘 드러난다.

김인수는 결코 사회적인 관심을 끊고 개인의 골방에 들어간 사람이 아니었다. 경영학자로서 기술혁신 전문가인 그로서는 세상의 변화와 문제를 볼 수 있는 기회가 많았다. 그는 그곳에서 신앙의 원리들을 실천하려 애썼는데, 무엇보다 혼을 담아 정직하고 탁월한 삶을 살려고 애썼다. 아무리 구조적 모순을 지적한다 해도 개인의 변화 없이는 구조적 변화도 따라올 수 없다는 것을 알았기에 그는 그리스도인들이 먼저 하나님의 말씀으로 변화되어 삶으로 예배해야 한다고 강조했다. 그러한 삶을 살기 위한 지침으로 시편 112편 1절을 철저하게 지킬 것을 또한 강조했다.

　시편 112편 1절은 이렇게 말한다.

"할렐루야, 여호와를 경외하며 그 계명을 크게 즐거워하는 자는 복이 있도다".

Photo by K. J. Yang

제2부

말씀을 따르는 삶, 말씀으로 섬긴 삶

김인수의 생애와 신앙이 힘이 있었던 이유는 무엇일까? 무엇이 그토록 많은 이들에게 김인수를 본받고 싶게 만들었을까? 그것은 단지 김인수가 잘 전달할 수 있는 능력을 가졌기 때문이 아니라 말씀에 비추어 스스로 말씀을 따르는 삶을 살았기 때문이었다. 그래서 앞서 언급한 것처럼, '평신도가 이렇게 살 수 있다는 것이 충격'이라는 말이 나오게 되었고, 홍정길 목사의 고백처럼 성경대로 사는 삶이 어떠한지 알고 싶으면 김인수의 삶의 발자국을 따라가면 된다는 말이 나오게 된 것이다.

목요 성경공부 모임에 참석한 이들과 김인수를 아는 이들이 한결같이 김인수의 가르침뿐만 아니라 김인수 부부의 섬기는 자세를 말 한다는 것을 기억할 필요가 있다. 김인수와 김수지가 가르치는 은사를 탁월하게 펼친 부부생활 세미나와 자녀양육 세미나는 모두 김인수 부부와 그의 가정에서부터 먼저 실천된 것들이었다. 그래서 이 모든 가르침에 힘이 있을 수 있었다. 즉, 하나님 말씀대로 사는 삶은 김인수의 신앙 영역에만 국한되지 않았다. 김인수는 하나님의 말씀은 이 세상에서 어떻게 살아야 할 것인지를 가르치고 있다고 생각했다. 때문에 그는 말씀을 제대로 깨달은 사람은 당연히 그대로 살 수밖에 없다고 생각했고 스스로가 그렇게 살고자 힘썼던 것이다.

이제 제2부에서는 김인수의 삶의 원리가 된 신앙적 측면을 조금 더 살펴보고자 한다.

4

말씀을 따라 세상을 살다

"저는 경영학을 공부하기 때문에 직장인들에 대해 많은 연구를 합니다. 직무 만족이라든가 근무 자세 등을 연구해보면 부서, 연령, 교육 수준, 직장의 계층 등의 변수에 따라 의식과 행동이 상당히 다름을 발견하게 됩니다. 그런데 예수를 믿는가 안 믿는가 하는 변수를 집어넣어서 통계를 돌려 보면 아무런 차이가 나타나지 않습니다. 전지전능하신 하나님이 있느냐 없느냐 하는 문제인데 왜 직장에서의 의식과 행동에 있어 차이가 안 나타날까요? 이건 심각한 문제입니다. 단, 얌체라는 면에서는 차이가 납니다. 일요일에 근무해야 할 경우 교회 다니는 사람들은 주일성수해야 한다며 직장에 안 나옵니다."(『부끄러울 것 없는 일꾼으로』, 131쪽)

이 말은 김인수가 청년들에게 헌신에 대한 강의 중에 한 말이다. 요약하자면 직장에서 그리스도인들이 보여주는 모습에 큰 문제가 있다는 것이다. 그렇다면 직장에서 김인수의 모습은 어떠했을까?

앞서 제1부 제3장에서 학자로서, 공직자로서, 교육자로서의 김인수 모습을 소상히 살펴보았기 때문에 여기서는 그로 하여금 그러한 삶을 살게 만든 신앙적 원리들을 살펴보고자 한다.

탁월한 학자 김인수

김인수의 평생 직업을 묘사한다면 누구나 주저하지 않고 '교수'를 꼽을 것이다. 이처럼 김인수는 반평생을 학자로서 살았다. 그렇다면 그는 학자로서의 삶을 자신의 소명이라 생각했을까?

뜻밖에도 김인수는 기능공에서 교수직까지, 자신이 가져본 10여 가지의 직업 중에 하나님의 부르심이라고 할 만큼 분명한 소명이라고 생각한 직업은 없었다고 말했다. 그렇다면 어떻게 해서 김인수는 학자로서, 그것도 자기 분야에서 최고의 학자로 살 수 있었을까?

김인수는 이 질문에 다음 성경 말씀으로 답하곤 했다. 골로새서 3장 23-24절 본문이 그것이다.

"무슨 일을 하든지 마음을 다하여 주께 하듯 하고 사람에게 하듯 하지 말라. 이는 유업의 상을 주께 받을 줄 앎이니 너희는 주 그리스

도를 섬기느니라".

　본래 김인수는 신학교에 세 번이나 지원할 기회가 있었다. 1962년 서울신학대학의 원서를 샀지만 제출하지 않았고, 1960년대 중반 미국 시카고에 있는 트리니티 신학교 원서를 사놓고도 가지 않았다. 1960년대 말에는 미국 바이올라 대학교에 있는 탈봇 신학교에 갈 뻔했지만 역시 가지 않았다. 김인수에 따르면, 가지 않은 것인지 가지 못한 것인지 확실하게 말할 순 없지만 자신을 목회자로 부르시지는 않은 것 같아 신학을 공부하지 않았다고 말한다. 하나님의 부르심이 분명치 않았기 때문이다. 그래서 그는 전문직 종사자인 교수와 학자로 헌신하며 살았다.

　김인수는 소명에 대해서 강의할 때, 강렬한 확신 가운데 소명을 확인할 수도 있지만 자신에게 맡겨진 일에 의미를 부여하고 충실히 수행하면 아무리 하찮은 일일지라도 그 일은 가치 있고 또 할 만한 일이 된다고 했다.

　여기서 김인수만의 독특성을 살펴볼 수 있다. 왜냐하면 김인수가 한참 국내외 강사로 활발하게 활동했을 때 교계의 분위기는 비전을 강조하고 독려했기 때문이다. 하지만 김인수는 역으로 비전이 오히려 야망이 될 수 있다고 경고했다. 무슨 거창한 목표가 있기 때문에 헌신하는 게 아니라 지금 있는 자리에서 주어진 일에 의미를 부여하고 성실히 해나가면 자연스레 하나님의 인도하심을 따라 열매를 거두게 된다고 했다. 그래서 김인수는 원대한 비전을 강조한 게 아니라 성실성과 탁월성을 강조했다. 그는 갈라디아서 6장 7절, '스스로 속이지 말라 하나님은 만홀히 여김을 받지 아니하시나니 사람이 무엇으로 심든지 그대로 거두리라'를 인용하면서, 우리 개인의 삶에서 무엇이 얼마나 이루어졌는가 하는 것은 얼마나 큰 비전을 갖느냐가 아니라 심은 것에 의하여 결정된다는 것을 강조했다. 갈라디아서 6장 7절은 김인수를 바꾼 여러 말씀들중 중요하게 작용한 구절이었다. 자신의 여건은 너무 열악해서 미래의 꿈 같은 것은 가져볼 생각도 못했다고 했다. 다만 갈라디아서 6장 7절의 말씀을 기억하며 매 순간 무엇이든지 열심히 했을 뿐이라고 말했다.

김인수가 성실성과 탁월성을 강조한 이유가 있다. 열심히 노력하여 얻는 전문성인 실력은 학습의 결과이기 때문이었다. 그러니까 성실히 노력하지 않는 사람에게 탁월함은 결코 따라오지 않는다. 직접 경험하는 방법이 학습에는 가장 효과적이지만, 경험을 통하지 않고도 배울 수 있는 방법이 있으니 그것이 공부다. 구체적으로 공부는 책을 읽는 것이다. 그래서 김인수는 특히 젊은이들에게 세월을 아껴서 공부하여 지혜를 쌓으라고 충고했다. 준비되지 않은 채 큰 꿈만 강조하고, 보내달라고 부르짖는 건 도리어 하나님의 뜻을 바르게 분별하지 못한 것이기 때문이다. 김인수가 보기에, 그것은 하나님을 만홀히 여기는 것이요, 하나님과 사람 앞에서 정직하지 못한 행동이라고 확신했다.

그러므로 김인수의 탁월함은 하나님과 사람 앞에서 정직하게 사는 삶의 자세에서 시작해 성실한 공부를 통해 형성된 결과물이다. 그는 적극성과 정직성을 두 변수로 해서 그리스도인이 지향해야 할 바를 설명했다. 바로 적극적으로 살면서도 정직하게 사는 삶이 그리스도인이 추구해야 할 목표라는 것이다. 그리스도인이 이러한 삶을 살 때에만 사회의 중요한 책임을 올바르게 다할 수 있다고 주장한 것도 이 때문이었다. 서구 사회가 발전할 수 있었던 것도 사회 지도자들이 이러한 덕목을 가지고 통치해 왔기 때문이라고 그는 생각했다.

한국이 가장 큰 경제위기를 겪었던 1997년, IMF로부터 구제 금융을 받기 위해 체결된 약정서에는 '투명성 결여'라는 말이 일곱 번이나 나온다. 이것은 한국사회가 총체적으로 부패한 사회, 부정직하고 투명하지 못한 사회라는 걸 뜻했다. 전체 인구 중 1/4이 그리스도인이라고 하는 사회가 왜 이런 모습일까? 이것이 바로 김인수가 이해할 수 없는 부분이었고, 이것이야말로 한국사회의 가장 비극적 모습이라고 생각했다.

그렇다면 어떻게 해야 그리스도인들이 정직하게 살 수 있는가? 이 질문에 대해 김인수는, 앞서 잠깐 언급했던 것처럼, 시편 112편 1절의 말씀, 곧 '할렐루야, 여호와를 경외하며 그 계명을 크게 즐거워하는 자는 복이 있도다.'라는 말씀에 답이 있다고 했다. 경외함과 계명이 두 변수로 작용한다는 것이다. 그래서 그는 여호와를 두렵고 떨리는 마음으로 섬기는 겸손과 하나님의 말씀에 대한 지식 모두를 강조했다. 하나님의 말씀은 잘 알지만 하나님을 경외하지 않으면 외견상으로는 경건해보일지 몰라도 삶의 현장에서는 악취를 풍긴다고 했다. 또한 하나님을 경외하며 겸손하다 할지라도 말씀을 모르면 신앙이 견실하지 않아서 그 신앙이 자라지 못한다고 보았다.

이러한 김인수의 강조는 사실 계명의 핵심을 잘 파악한 것이라 할 수 있다. 왜냐하면 말씀을 토라라고 하는 가르침으로 볼 때, 토라 중의 토라가 오경이고, 오경 중 가장 핵심이 십계명인데, 그걸 하나로 요약하자면 제1계명이 되기 때문이다. 그러므로 여호와를 경외하고 그 말씀을 따르는 것을 신앙의 요체로 파악한 김인수의 신학적 깨달음은 매우 정확하다고 할 수 있다. 그리고 그러한 성경적, 신학적 이해에서 그의 탁월한 학자로서의 삶이 나올 수 있었던 것으로 보인다. 자신이 학자로 살아온 삶의 원리를 말해주는 듯한 김인수의 말을 들어보자.

"나이가 중요한 것이 아니라, 얼마나 열정을 가지고 일하느냐가 중요한 것입니다. 하나님은 바로 그것을 기대하고 계십니다. 열정이나 의욕을 영어에서는 'enthusiasm'이라고 표현합니다. 이 단어를 뜯어 보면 'in Theo'라는 두 단어가 합쳐진 것으로, '하나님 안에서'라는 의미를 가지고 있습니다. 즉, 우리가 하는 일이 무엇이든 상관없이 그것을 하나님 안에서(in Theo) 소명으로 받아들일 때 의욕과 열

정이 생긴다는 말입니다."(『부끄러울 것이 없는 일꾼으로』, 220쪽)

　김인수는 학자로서의 삶을 특별한 소명이라 생각하지 않았다. 하지만 분명한 것은 그가 하나님의 말씀대로 따라 살아갈 때, 하나님은 길을 여시고 그를 인도하셔서 학자가 되게 하셨다. 그런 점에서 볼 때, 김인수는 학자로서의 삶을 자신의 소명으로 받아들였다고 할 수 있다.

　그랬기 때문에 늘 최선을 다해 강의를 진행할 수 있었다고 했다. 가르치는 사람의 입장에서는 똑같은 강의를 하루 세 번씩 반복하는 것이지만, 학생들의 입장에서는 처음 듣는 소중한 가르침이라고 생각했기 때문이다. 또한 자신의 강의를 통해 듣는 이의 인생의 방향이 근본적으로 변화된다면 이보다 더 소중한 일은 없다고 생각했다. 그래서 다시 힘을 내서 강의를 진행할 수 있었다고 했다. 그렇게 학자의 삶을 자신의 소명으로 받아들였기 때문에 협심증을 앓고 난 뒤나 중요한 공직을 맡았을 때에도 연구에 다시 뛰어들 용기를 얻을 수 있었다.

　2014년, 김인수가 우리 곁을 떠난 지도 10년이 넘었다. 그렇다면 김인수의 학자로서의 영향력이 오늘날에도 계속해서 이어질 수 있을까? 속단하긴 어렵겠지만, 그가 쓴 『거시조직론』(무역경영사)이 현재까지 6만 부 정도가 팔렸고, 국내 주요 대학 및 대학원 30여 곳에서 지금도 사용 중이며, 2013년까지 개정4판을 찍었다는 점만 밝혀도 그의 탁월함이 10년을 앞서는 것이었다고 평가한다면 과장일까?

청렴한 공직자 김인수

　김인수를 탁월한 학자로 이끈 동력은 하나님의 말씀이었음이 분명함을 앞서 지적했다. 그리고 그러한 탁월함은 정직함과 성실함에서 비롯됐음도 이미 언급했다. 주요 공직에 재직할 때 김인수가 청렴한 공직자로 자신의 역할을 성실히 수행할 수 있었던 것도 바로 여호와를 경외하고 그 계명을 크게 즐거워한 데서 비롯됐다고 말할 수 있다. 다시 말해, 단지 본성이 착해서 그런 것이 아니라 살아계신 주 하나님을 두려워하는 백성의 마땅한 자세라고 믿었기에 청렴하게 공직을 수행했다는 것이다.

　김인수가 STEPI 소장을 맡고 있을 때의 일이다. 근처 일본 음식점에서 간부들과 공식적인 회식을 하게 되었는데, 소장인 자신이 나서서 가장 값이 싼 음식을 주문했다. 공식적인 회식은 국민의 세금으로 지불하는 것이기 때문에 자기 호주머니에서 낼 수 있는 수준 이상을 쓰지 않아야 한다고 판단했기 때문이다.

　김인수가 고위공직자로서 이런 원칙을 지킨 이유는 미국에서 만난 대학교수로부터 얻은 교훈 때문이었다. 그는 세계적인 명문대학의 교수였는데, 출장을 가는 경우, 학교의 품위에 맞는 수준을 유지하라는 그 학교의 원칙에도 불구하고 허름한 호텔에 머물면서 비교적 저렴한 음식만 주문하는 것이었다. 알고 보니 자기 돈이라면 자기 마음대로 쓰겠지만 납세자의 공금이기 때문에 아껴 써야 한다는 것이었다. 미국에서 기독교의 영향력이 약해졌다고는 하지만 그런 형태로 기독교적 정직성과 검약 정신이 사회지도층의 삶에 남아 있음을 본 것이다.

그러므로 구조조정과 혁신, 개혁이라는 중차대한 과업을 탁월하게 수행한 김인수의 업무 능력은 이러한 기독교적 정직성과 만나 그가 머물렀던 곳에 보다 강력한 영향력을 미칠 수 있었음을 알 수 있다. 태평로 모임이 결성되기 전, 그 모임의 주축이 된 이들이 함께 모였던 적이 있다. 그때 김인수는 한국사회, 특히 한국 지도자들의 문제를 다음과 같이 지적했다.

"문제는 우리가 기본과 원칙을 지키지 않는 데 있습니다. 편법, 불법, 억지 등 기초가 부실하니 무너질 수밖에 없지요. 건물이, 다리가, 그리고 끝내 우리 경제까지 무너졌어요. 특히 이 점에서 한국의 리더들은 결정적인 취약점을 안고 있습니다. 여기서부터 시작되어야 합니다."(『치우치지 않는 걸음으로』, 32쪽)

그러므로 김인수의 공직생활 중 두드러진 특징으로 그의 청렴결백함을 꼽는다면, 바로 기본과 원칙에 충실했던 그의 삶의 자세, 무엇보다 여호와 앞에서 두렵고 떨림으로 살아가려 했던 자세가 그러

한 청렴함의 근원이 되었다고 말해야 할 것이다.

엄격한 스승 김인수

사실 탁월함을 강조한 학자라면 응당 가르침에 있어서 높은 기준을 내세울 수밖에 없고, 그러다 보면 엄격하고 공정하게 학생을 지도할 수밖에 없다. 그런 점에서 엄격한 선생 김인수는 탁월한 학자 김인수와 별개의 인물일 수 없다. 그런데 그의 엄격함은 소위 말하는 깐깐한 성격이 아니라, 공정한 기준을 따르는 합리적인 엄격함이었다. 그의 제자 이호선은 김인수가 학생들에게 무서움과 온화함의 극과 극을 보여주었는데, 그 기준은 오로지 공부를 열심히 하느냐 않느냐에 따른 것뿐이었다고 회고했다.

김인수는 자신이 지도하고 가르치는 학생들이 스스로 찾을 수 있는 능력을 배양하기를 원했다. 그래서 그들을 대신하기보다 그들이 길을 찾을 때까지 인내심을 가지고 기다려주었다. 그러다 보니 학생들에게 김인수는 무척 높은 기준을 제시하고 자신들의 수준을 고려하지 않는 엄격한 사람으로 비쳐지곤 했다. 오죽하면 많은 제자들이 김인수의 탁월함은 존경하면서도 그의 지도만큼은 피하고 싶어했겠는가?

그러나 김인수는 자신의 제자들을 성실히 지도했고 정직하게 그들을 대했다. 그래서 김인수 밑에서 공부한 이들은 연구 프로젝트에 참여하거나 논문을 쓰고 나면 반드시 얻는 게 있었다. 경희대학교 경영대학 교수인 송상호의 경우, 논문 계획안이 통과되자 김인수가 그의 논문 주제를 가지고 정보통신개발연구원으로부터 그 당시 1천만 원이라는 큰 연구용역비를 받을 수 있도록 주선하기도 했다. 그로 인해 연구하는 데 필요한 연구 경비를 조달받았을 뿐만 아니라 그 논문의 결과를 정리해서 김인수와 공저한 책이 나올 수 있었다. 김인수는 그런 방식으로 학생들의 학문적 수준을 향상시켰다. 자신이 항상 탁월한 연구 성과가 나올 수 있는 주제와 연구 프로젝트를 붙잡아 자신을 성장시켰던 것처럼, 제자들에게도 그렇게 했던 것이다.

분명 김인수는 학생들이 연구할 주제나 방법론을 스스로 고민해서 발견하기를 기다렸지만, 마냥 손 놓고 기다리기만 했던 것은 아니었다.

그의 제자 중 한 명인 이춘근은 자신의 박사학위 논문 주제를 지식경영 관련 분야로 정하고 틈틈이 준비하고 있었지만 애초에 생각한 것만큼 잘 진척되지 않았다고 했다. 그때 하루는 김인수 교수가 자신을 부르더니 가방에서 국내 모 경제신문에 실린 특집기사를 꺼내서 건네주면서 그 기사를 잘 읽고 생각해보라고 했다. 그 기사를 받을 때에는 김인수의 의도를 명확히 깨닫지 못했는데, 도서관에 가서 그 기사를 읽고 나서야 자신의 논문 진행 방향에 도움을 준 것을 깨닫게 되었다고 회고했다. 즉, 김인수는 학생이 어느 지점에서

막혀서 전진하지 못하고 있는지 알고 있었던 것이다. 그리고 그 한 걸음을 대신 걸어주기보다는 학생 스스로 돌파구를 찾아서 전진하도록 도왔던 것이다. 다시 말해, '물고기를 한 마리 잡아 준다면 하루밖에 살지 못하지만, 물고기 잡는 방법을 가르쳐준다면 한평생을 살아갈 수 있다'는 유대인의 속담처럼, 김인수는 제자들에게 고기 잡는 법을 가르치는 참 스승이었던 것이다.

어쩌면 김인수는 학습을 통해 기술이 어떠한 방법으로 습득되고 어떻게 전수되는지 연구했던 학자였고, 더욱이 일찍부터 자신의 가르치는 은사를 깨달아 적극적으로 활용했던 사람이었기 때문에 그런 방식을 사용했는지도 모른다. 다른 한편으로 생각해보면, 김인수가 지도자란 자신이 책임지고 있는 집단에서 그 집단의 공동 목표를 설정하고, 소속 구성원들이 상호 협력하며 최선을 다해 그 목표를 달성할 수 있도록 영향을 끼치는 자라고 생각했기 때문에, 학생들을 지도할 때도 그런 방식을 사용했을 수도 있다.

경북대 경영학과 교수인 이장우는 자신의 스승이었던 김인수의 숨은 사랑에 대해 말하면서, 제자들이 공부 때문에 실의에 빠져 있을 때 그 제자들 이름 하나하나를 기억하며 기도드린다는 얘길 들었다고 말했다. 때로는 자신의 제자에게 혹독한 질책을 마다하지 않으면서도 그들의 성장을 위해 부단히 애쓰는 그런 속깊은 사랑은 어디서 비롯됐을까? 다음과 같은 이장우의 말이 그 답을 들려준다.

"선생님은 신앙의 힘에 대해서 한마디도 하지 않으셨지만 그 힘이 얼마나 큰지 깨우쳐 주셨습니다."(『치우치지 않는 걸음으로』, 138쪽)

다음은 신앙의 힘에 대해 한마디도 하지 않았지만 학생들에게 큰 깨우침을 주었던 김인수 자신이 한 말이다.

"저는 교수이기 전에 그리스도인입니다. 제게는 그리스도인이라는 것이 가장 중요합니다. 그러나 학생들에게 저는 그리스도인이기 전에 교수입니다. 그렇다면 교수로서의 직분을 다해야 합니다. 가르치는 것도 잘 가르쳐야 하고, 학자로서 논문도 어디 내놔도 부끄럽지 않게 써야 합니다. 그렇게 하지 않으면 예수 믿는 사람들 욕 얻어먹기 십상입니다. 도대체 교수 하려고 대학에 와 있는 건지 전도사 하려고 대학에 와 있는 건지 모르겠다는 얘기를 들어서는 안 됩니다. 그것은 아름다운 모습이라 할 수 없습니다. 교수라면 교수다워야 합니다. 교수직을 그만둘 때까지는 교수로서의 자기 위상을 분명히 해야 합니다. 그렇지 않으면 실력 없는 교수가 자기 생활을 합리화하려고 전도사가 됐다는 얘기를 듣습니다. 그러나 동료 교수들이 트집 잡을 일이 없도록 가르치는 일과 연구 업적 면에서 성실을 다하면 학교에서 성경공부를 인도하는 것도 이해를 얻게 됩니다. 그렇지만 교수로서 신자로서 균형을 잃지 않는 것은 결코 쉬운 일은 아닙니다."(『부끄러울 것 없는 일꾼으로』, 130쪽)

5

말씀으로 가정을 세우다

"6년 동안이나 사랑을 속삭이며 서로를 알아왔다고 생각했었는데 막상 결혼한 후에 발견하게 된 두 사람의 사고방식과 생활습관의 차이로 인해 상당히 많은 어려움이 있었습니다. 그러나 이러한 어려운 경험들을 통해 우리는 성경에 기록되어 있는 행복한 결혼생활을 위한 하나님의 지침에 귀기울이며 하나하나 적용하게 되었지요. 즉, 돕는 배필로서 서로 용납하고 순종하고 사랑하여 우리 가정이 낙원이 된 것 같습니다. 이 과정에서 우리가 얻게 된 중요한 결론이 있었지요. 당신이 저를 만났기 때문에 행복한 것이 아니요, 제가 당신을 만났기 때문에 행복해진 것이 아니라, 우리가 하나님의 말씀에 순종하며 살려고 노력했기 때문에 행복한 가정을 이루

게 되었다는 사실 말입니다."(『우리들의 아가서』 에필로그 중 1993년 9월 18일
자 김수지의 편지에서)

김수지가 편지에서 고백하듯, 김인수의 삶을 보면 하나님의 말씀
은 그들 부부와 가정의 근본 규범이었다. 가정생활의 세세한 문제
하나라도 하나님의 말씀인 성경이 무엇이라 말하는지 확인하고서
성경이 말하는 것이라면 그대로 따르려고 애썼다.

남편 김인수

어쩌면 신앙과 관련해 남편 김인수의 모습을 묘사하는 데는 가장
적은 분량이 필요할지도 모른다. 사실 김인수의 신앙은 언제나 김
수지와 함께 있었기에 가능한 것이었고, 상대방도 마찬가지였다.

김수지의 남편 김인수의 됨됨이가 어떠했는지는 젊은 시절에 김
인수와 김수지가 나눈 연애 편지만 살펴봐도 알 수 있다. 그러나 김
인수 부부의 신혼 초기를 다루며 적었던 것처럼, 그런 그들조차 막
상 결혼 직후 큰 어려움을 맞았다. 아내 김수지의 어려움을 남편 김
인수가 알아차리지 못했던 것이다.

하지만 꼼꼼하고 섬세하며 강직했던 김인수는 아내와 함께 말씀
을 읽으며 자신을 돌아보게 되자 진정한 한 몸으로 여러 난관들을
함께 헤쳐 나갔고, 그러한 모습은 김인수가 주 안에서 잠들 때까지

한결같았다. 그래서 김수지는 누군가 김인수를 가리켜 '성실 그 자체인 사람'이라 표현한 말에 전적으로 동감을 표했다.

아내인 김수지가 보기에도 김인수는 한 가정의 가장으로서뿐 아니라 한 여인의 남편으로서도 평생을 성실히 '돕는 배필'로서 살았다. 이는 맏딸로서 친정식구들을 돌봐야 하는 김수지의 책임을 평생 함께 나누어 졌을 뿐 아니라 김인수가 앞장서서 김수지의 공부를 지지하고 격려하며 자신이 도울 수 있는 모든 일을 힘써 행한 데서도 잘 드러난다. 이미 제2장에서 살펴본 것처럼, 결혼 초 김수지가 국내에서 석사과정을 다시 시작할 수 있게 된 것도 김인수의 전폭적인 지지 때문이었다.

미국에서 김수지가 박사과정에 입학해서 마칠 때까지 보여준 김인수의 헌신적인 도움 역시 돕는 배필로서의 모습을 잘 보여준다. 1975년 인디애나 대학교에서 박사학위 논문을 준비하던 김인수가 아내 김수지에게 박사학위 과정을 밟도록 독려하여, 김수지는 그곳에서 할 수 있는 고등교육 전공으로 학위공부를 시작하였다. 그런데 뜻하지 않게 지도교수인 어터백 교수가 MIT로 스카웃되어 가면서 김인수를 MIT 정책연구소로 불렀다. 남편이 혼자 보스톤으로 떠나자 두 아이들을 돌보면서 일과 공부로 바쁘게 지내던 7월 초, 김수지는 남편으로부터 전화를 받았다. 당시 간호학의 명문 보스턴 대학 박사과정에 서류를 제출하였는데, 다행히 면접일이 잡혔다는 것이었다.

알고 보니 이미 박사과정에 지원하기엔 이미 늦은 시간이었음에도 불구하고 김인수가 자신의 아내에 대해 학교 측에 소상히 설명하여 일단 박사과정 지원 서류를 준비·접수하였고, 교수들이 모여 논의를 한 후 면접 날짜를 정해 그 사실을 알려주었던 것이었다.

김수지로서는 놀랄 수밖에 없었다. 지원 시기를 놓쳐 지원할 생각도 못했는데 남편이 면접 날짜를 알려왔기 때문이었다. 이후 박사과정에 진학한 김수지는 당시 면접 날짜를 잡은 교수들이 "왜 우리가 그 학생을 받는다고 면접을 하고 있는 건지 모르겠다."고 투덜거렸다는 일화를 전해듣기도 했다.

김인수는 김수지가 박사 공부뿐만 아니라 논문을 쓰는 동안에도 힘껏 도왔다. 심지어 치질 수술 후 쉬는 동안에는 김수지의 논문을 대신 타이핑해주기도 했다. 타이피스트로 일했던 왕년의 실력이 녹슬지 않았음을 보여주면서 말이다.

또한 아빠 역할에도 충실해서, 오죽하면 김수지의 대학교 3년 되는 선배는 막내 아이와 자주 놀아주는 김인수를 보고 실직자인 줄로 착각할 정도였다고 한다. 자신의 연약함을 고백하며 자녀를 올바르게 가르치려고 애썼던 남편 김인수의 모습은 부인인 김수지에게도 감동이었다고 했다.

그렇기 때문에 김수지는 자신들의 부부생활 전체가 하나님 말씀의 원칙에 충실하게 살도록 서로 격려하며 돕는 배필로 달려온 성장 일변의 경주였다고 강의에서나 책을 통해서 당당히 말할 수 있었을 것이다.

김수지가 남편 김인수를 어떻게 생각했는지는, 2005년 1월 14일, 김인수가 살아 있었다면 67세 생일이 되었을 그날에 남편 김인수를 그리며 쓴 편지글에 실린 다음과 같은 말이 가장 잘 보여주고 있다.

"생각해 보면 당신은 삶 전체에서 하나님의 말씀을 따라 신실하고 성실하게 살려고 노력했습니다. 그리고 모든 삶의 현장에서 항상 하나님을 바라보며 전심으로 그의 뜻을 구하면서 최선을 다해 순종하셨어요."(『영원한 우리의 멘토 김인수』, 239쪽)

5년 뒤인 2011년, 자신의 간호사 인생을 돌아보며 쓴 책에서 김수지는 자신의 남편 김인수에 대해 이렇게 회고했다.

"지금 생각해보니 나의 '돌봄' 이론을 실제로 가장 잘 적용한 사람이 바로 남편이었다. 남편은 늘 나의 곁에서 필요를 알아봐 주고 나의 모든 일에 동참해주었다. 생각과 꿈을 함께 나누고, 소소한 말과 불평조차 귀 기울여 들어주고, 나의 아주 작은 장점까지도 칭찬해주곤 했다. 또 내가 속상할 때 나의 편이 되어 위로해주고, 쉽게 포기하거나 좌절하는 나에게 희망을 불어넣어 주었으며, 이따금 내가 화를 내면 '미안하오. 용서해주오'라고 하며 먼저 관계회복을 시도했다. 그리고 출퇴근 시 늘 현관에서 포옹으로 보내며 맞아주던

남편의 그 따스한 정을 나는 지금도 느낄 수 있다."(『사랑의 돌봄은 기적을 만든다』, 100쪽)

2002년 11월, 김수지는 호스피스 센터 건립을 준비하면서 김인수에게 자기 몫의 유산을 미리 좀 주면 안 되겠느냐고 물은 적이 있었다. 당시로서는 상당히 거액이었다. 이에 김인수는 웃으며 그렇게 하겠다고 했다. 하지만 김인수는 김수지에게 한 약속을 지킬 수 없었다. 2003년 1월 초에 불의의 사고를 당했기 때문이었다.

김수지는 『치우치지 않는 걸음으로』에 실린, 사후에 남편에게 쓴 편지에서 한 가지 죄송한 게 있다고 했다. 김인수가 소천하자 경황이 없던 가족들이 김인수의 뜻과 달리 조의금을 걷은 데 대해 미안한 마음을 표했다. 김수지가 그 사실을 알게 된 건 이미 조의금을 걷기 시작한 뒤였다. 그런데 놀랍게도 조의금의 액수가 김인수 생전에 김수지가 호스피스 센터 건립을 위해 유산으로 달라고 졸랐던 액수보다 더 많이 들어왔다. 그래서 김수지는 그것을 김인수가 자신에게 주는 마지막 선물이라 생각하고 십일조를 제외한 금액 전부를 호스피스 센터 건립을 위해 사용하기로 가족들의 뜻을 모았다. 남편 김인수는 그렇게 이 세상을 떠나는 순간까지도 아내를 도왔다.

아버지 김인수

그렇다면 아버지 김인수의 모습은 어떠했을까?

"나를 대신할 사람은 많다. 내가 당장 교수직을 그만둔다 해도 누군가가 그 자리를 채울 것이다. 교회에서 장로직을 그만둬도 누군가가 그 빈자리를 메꿀 것이다. 학회의 어느 빈 공간도 이내 누군가가 대신할 것이다. 그러나 아버지 역할을 대신해줄 사람은 없다. 어머니도 마찬가지다."

이 말은 김인수에게 영향을 받아 가정사역의 길로 들어선 송길원, 김향숙 부부가 자녀 양육에 대한 김인수의 책 『우리 아이, 어떻게 양육할까?』(한알의밀알)를 추천하며 가장 처음 인용한 김인수의 말이다.

김인수는 부모의 자리만큼은 그 누구도 대신할 수 없다고 생각했고, 그 까닭에 아버지 김인수로서 최선을 다했다. 특히 모든 삶의 원리가 성경에 있다고 믿었기 때문에 부모로서 자녀를 대하는 원칙의 기초도 성경 말씀에서 얻었다.

김인수는 자녀에게 가르쳐야 할 제일 덕목은 소위 좋은 직장을 얻어 돈을 많이 버는 소위 세상적인 성공이 아니라 그리스도인으로서 올바로 사는 법이라고 생각했다. 그렇게 하기 위해서는 부모가 먼저 올바르게 사는 것이 중요하다고 믿었고, 그래서 자기 스스로 모범이 되는 삶을 살고자 애썼다. 그는 교육의 목적이 지혜를 얻는 데

있다는 것을 깨달았음이 분명하다. 올바른 인격은 지혜에서 비롯된다고 계속해서 강조했기 때문이다.

김인수의 부인 김수지는 두 부부 간의 결혼 초기 갈등 외에도 양육 방식의 차이 때문에 부딪칠 때가 많았다고 회상했다. 젖먹이 때는 간단했는데 아이가 차츰 자라다 보니 부모의 서로 다른 양육방식 때문에 아이는 혼란스러워하고, 이 문제로 부부 간에도 갈등이 점차 잦아졌다. 김수지는 교과서적으로 명령하는 스타일인 데 비해 남편 김인수는 아내 김수지가 자기의 양육방식대로 무조건 사랑하고 수용해주는 방식으로 키우기를 원했다. 게다가 두 사람 모두 바쁘게 생활하다 보니 점차 아이들을 인내하면서 품어주기보다는 일방적으로 지시하는 경우가 많아져 갔다.

아이와 사랑의 관계를 누릴 여유가 없었던 바쁜 생활은 김인수가 박사학위를 밟던 미국에서도 마찬가지였다. 그러던 중 그는 교회에서 주최하는 12주 과정의 일종의 아버지 학교 프로그램(Father's Workshop)에 참석하게 되었다. 학부에서 한 강좌를 가르치며 박사과정에 있는 김인수로서는 이런 프로그램을 만난다는 것 자체가 쉽지 않은 기회였다. 마침내 이 과정을 끝내고 수료하는 주일 아침에 김인수가 갑자기 주머니에서 종이를 꺼내더니 딸아이부터 식탁에 앉히고 자신은 꿇어앉아 종이에 쓴 것을 읽기 시작했다. 잠이 모자라는데도 자기 부부의 시간에 맞추려고 억지로 깨워 앉힌 것을 딸에게 사과하는 글이었다. 딸 수는 무슨 영문인지 몰라 눈만 동그랗게 뜬

채 아빠를 바라보고 있었다. 그래도 김인수는 계속해서 자신의 잘못에 대해 용서를 구했다. 아이들에게 맞춰 생각하지 않고 자신의 뜻대로만 하려 했던 데 대한 잘못을 빌었다. 이런 식으로 종이에 쓴 스무 가지 잘못을 하나씩 읽으면서 두 아이에게 각각 잘못했다고 사과했다. 그리고 아이들에게 아빠를 용서해줄 수 있겠냐고 물었다.

남편이 눈물을 흘리자 아내 김수지와 두 아이 모두 함께 울음을 터뜨렸다. 온 가족이 눈물로 상처를 씻어내린 그 시간 이후로 두 아이들은 이전보다 더 착해졌고, 모든 것이 말 한 번에 이루어졌다고 김수지는 말했다. 잠자리에서 일어나라고 깨우거나 밥 먹으라고 말할 때면 능장을 부렸던 아이들이 순종적으로 반응했다. 큰딸은 동생이 말을 안 들으면 "그렇게 말을 안 들으면 아빠가 또 운다."면서 도리어 동생을 달래고 챙겼다. 예전에는 자동차 안에서도 아이들이 시끄럽게 했는데 아빠가 아이들에게 용서를 구한 이후로는 차만 타면 가족이 함께 노래를 불렀다. 김수지는 '아빠가 변하면 온 가정이 변한다. 사람은 감동을 받으면 변하게 되어 있다'는 걸 강조하면서 이 이야기를 사람들에게 들려주었다.

김인수의 장녀 김수는 『영원한 우리의 멘토 김인수』에 기고한 자신의 글에서 자신이 기억하는 아버지는 어떤 사람인지 우리에게 들려준다. 김수는 자신의 아버지를 생각하면 한결같고 조용히 자리를 지키는 뿌리 깊은 나무가 떠오른다고 했다. 딸인 자신이 보기에도 아버지 김인수는 항상 가정을 우선시했고, 그 원칙을 일관되게 고

수했다. 언제나 가정이 중심이었기 때문에 아버지의 그 바쁜 일정 가운데서도 자신이 뒷전으로 밀리는 느낌을 받아본 적이 없다고 했다. 그것이 가능했던 이유는 아버지 김인수가 자녀들과 함께 하는 절대 시간을 정해서 그 시간만큼은 전적으로 자녀들에게 귀를 기울여주면서 공통의 경험을 나눴기 때문이었다.

그리고 딸이 기억하는 가정예배 시간은 즐거운 시간이었다고 한다. 온 가족이 서로의 생활과 생각을 나누고 함께 기도하는 시간이었기 때문이다. 또한 시시때때로 가졌던 가족 회의는 집안의 대소사를 결정하는 데 있어서 가족을 하나로 묶어주는 역할을 했다고 회상한다.

같은 책에서 김인수의 며느리 장현숙은 할아버지 김인수가 어떠했는지 들려준다. 할아버지 김인수는 손자들에게 언제나 한결같이 대해주었고, 아이들의 입장을 이해하려 애썼으며, 자신을 위해서는 철저하게 절약했지만 아이들의 장난감 선물은 손수 마련해주었다. 게다가 아이들과 같이 놀아주면서 세심하게 격려해준 모습을 통해 아버지 김인수나 할아버지 김인수 모두 동일한 모습임을 알 수 있다. 장현숙은 김인수와 함께 보낸 짧은 시간을 돌이켜 볼 때, 무엇보다 자신을 며느리가 아니라 한 인격체로 대우해주셨던 점이 가장 감사하다고 했다.

그런데 지극히 전통적인 유교적 가정에서 자란 김인수가 어떻게 이런 아버지, 할아버지 역할을 감당할 수 있었을까? 그의 딸도 스스로 이런 질문을 던진 적이 있었다. 그리고 그 질문에 이렇게 답했다.

"성경을 읽고 또 읽는 가운데 예수 그리스도를 만나셨던 회심의 경험처럼, 완전히 새로운 가정 문화를 창출하셨던 원동력 역시 성경 중심의 적용과 생활화였다고 생각한다. 우리 가정에서 수시로 나누고 암송했던 잠언 3장 5-6절 말씀에 따라 아버지는 삶의 다른 영역에서 하신 것처럼 가정에서도 '마음을 다하여 여호와를 의뢰'하셨고, 당신의 자라오신 경험, 보고 들은 생각, 명철을 의지하지 않고 '범사에 그를 인정'하셨다."(「영원한 우리의 멘토 김인수」, 192-93쪽)

김인수가 아버지로서 사랑과 지혜로 아이들을 양육할 수 있었던 원천은 하나님과 그의 말씀에 의지하였기 때문이었다. 잠언 3장 5-6절은 이렇게 말한다.

"너는 마음을 다하여 여호와를 의뢰하고 네 명철을 의지하지 말라. 너는 범사에 그를 인정하라. 그리하면 네 길을 지도하시리라."

가정 사역자 김인수

김인수는 바람직한 부모의 모습에 대해 몇 가지를 언급한 적이 있다. 첫째, 부모는 부모 역할을 해야 한다. 부모는 모름지기 부모 역

할이 무엇보다 중요한 일이며 그 누구도 대신할 수 없는 일이라는 걸 깨닫고 적극적으로 부모의 역할을 감당하고자 결단해야 한다고 했다. 둘째, 부모는 선생이 되어야 한다. 부모야말로 자녀의 인생에서 가장 중요한 스승이며 훌륭한 길잡이가 되어주어야 할 사람들이라고 늘 강조하곤 했다. 셋째, 부모는 코치가 되어야 한다. 부모가 자녀들의 훌륭한 스승이 되기 위해서는 막연해서는 안 된다. 자녀 양육에 대한 분명한 가치와 지향점을 갖고 일관되게 양육해야 한다. 저절로 자라는 자녀는 없는 것이다.

그렇다면 바람직한 부모, 자녀들에게 훌륭한 스승이 되기 위해 김인수는 어떤 목표를 가지고 있었을까? 그는 자녀들이 어릴 때 다음과 같은 여덟 가지의 목표를 정했다고 한다.

- 하나님을 경외할 것
- 사람을 귀하게 여길 것
- 주어진 기회에 최선을 다할 것
- 철저히 검약할 것
- 검약한 것으로 열심히 남을 도울 것
- 작은 규칙도 우직스럽게 지킬 것
- 정직할 것
- 부모와 어른의 말을 가볍게 여기지 말고 순종할 것

그런데 이러한 목표를 달성하기 위해서는 세부적인 전략이 있어야 하고, 전략을 제대로 수립하고 추진하기 위해서는 그것을 달성할 수 있는 능력이 있어야 한다. 그래서 김인수와 김수지 부부는 가정의 위기를 극복할 수 있도록 돕는 바람직한 부모 역할 형성을 위한 프로그램을 개발하여 보급하고자 했다.

김인수 부부는 1978년에 귀국하여 한국사회와 교회의 현실을 파악하게 되었다. 갖가지 문제로 신음하고 고통하는 가정들이 너무도 많았다. 그래서 김인수가 전공했던 경영학의 조직행동론과 그의 아내 김수지가 전공했던 정신간호학의 공통 분야인 심리학과 사회심리학을 바탕으로 우리 문화와 현실에 맞는 가정사역 프로그램을 개발하여 보급하게 되었다. 김인수 부부는 그것이 바로 하나님이 그들에게 주신 섬김의 사역이며, 이를 위하여 필요한 준비를 시켜주셨다고 믿었다. 결혼생활을 행복하게 회복시켜주는 '크리스천부부생활워크숍', 자녀들을 하나님과 사회 앞에 부끄러움이 없는 모습으로 키우도록 부모를 돕는 '크리스천부모학교'가 바로 이러한 결과로 만들어졌다. 그리고 그 사역의 결과물은 『결혼을 향한 하나님의 설계도』(CUP), 『우리 아이, 어떻게 양육할까?』(한알의밀알)라는 책으로 엮여 널리 소개되었다. 그렇게 해서 김인수 부부는 한국 최초의 부부 가정사역자라 불렸다.

부부워크숍은 1983년에 남서울교회에서부터 시작되었다. 그리고 그 후 2002년 11월까지 20여 년에 가까운 시간 동안 계속되어 약

2,500여 쌍의 부부들이 이 워크숍에 참여했다. 김수지는 『결혼을 향한 하나님의 설계도』 머리말에서 "도저히 같이 살 수 없다며 이혼 직전에 있던 부부들이 주위 사람들의 강한 권면에 못 이겨 마지못해 참석했다가 행복한 가정으로 바뀌는 걸 보는 것이 가정사역의 보람이자 감격이었어요."라고 말했다.

김인수 사후에 출간된 책에서 그의 부인 김수지가 한 말이니 생전의 김인수도 역시 그렇게 생각했음이 틀림없을 것이다.

사실 부부워크숍은 김인수 부부의 경험에서 비롯된 것이었다. 그것도 이혼 직전의 위기 상황에서. 그런 점에서 볼 때, 김인수 부부의 가정생활 자체가 자신들의 사역의 임상실험이었다고 말할 수 있을 것이다. 앞서 언급했듯이, 1978년 귀국해서 접한 한국 가정들의 상황은 놀랄 정도로 좋지 않았다. 그래서 김인수 부부는 자신들의 경험에 더해 1983년까지 5년 동안 성경을 묵상하면서 깨달은 가정을 향한 하나님의 뜻과 구체적인 지침, 그리고 다른 참고문헌 등을 통해 얻은 지혜와 기타 프로그램들을 통해 배운 방법 등을 자신들의 학문적 이론에 결합시켜 새로운 프로그램을 만들어냈던 것이다.

김인수 부부가 개발한 프로그램의 가장 분명한 특징은 '성경은 부부에 대해서 뭐라고 말하는가?'에 초점을 맞췄다는 데 있다. 너무도 당연한 얘기지만 그 당연한 얘기가 교회 안에서 당연하게 취급되고 있지 않았다. 더욱이 이 문제는 성(性)이라고 하는 지극히 민감한 문제까지 포함하는 영역이었다. 그래서 김인수 부부는 부부에 대해 다룰 때 소위 영적인 것만을 다루지 않았다. 성경이 몸에 대해서 말하고, 부부의 성에 대해서 말하고 있었기 때문이다. 그리고 그들 부부가 관념적인 인간 이해를 넘어서 실제적인 도움을 줄 수 있는 준비가 되어 있었던 것도 그 프로그램이 현장에서 실제적인 도움과 지침을 제공해줄 수 있었던 이유이기도 하다.

또한 그에 못지 않게 중요한 점은, 목요 성경공부 모임 참석자들이 이구동성으로 말하듯, 김인수 부부가 서로의 약점과 실패담을 모두 고백하며 말씀에 자신을 비추는 삶을 살았기 때문에 더 큰 영향력을 발휘할 수 있었다는 점이다.

크리스천부모학교와 관련된 내용은 『우리 아이, 어떻게 양육할까?』라는 책으로 엮어져 나왔다. 그런데 이 책 말미에는 상당히 흥미로운 글이 하나 실려 있다. 바로 편집 후기다. 그 글에서 편집자는 이렇게 적고 있다.

"특별히 이 책을 정리하면서 가장 주목했던 것은 김인수 장로님께서 얼마나 성경 말씀에 기초해서 자녀교육에 힘써왔는지 다시 한번 확인할 수 있었다는 점이다. 철저하게 말씀을 통해 자녀교육의 목표를 세우고 성경적 원리를 따라 실제 생활 속에서 적용을 해나가셨다. 비록 적지 않은 시행착오가 있었지만 이 역시 진솔한 고백을 통해 좋은 아버지가 되는 일이 얼마나 어려운지 고백하기도 하셨다."(264쪽)

김인수의 가정사역을 운영하던 기독교가정사역원의 활동은 종료되었지만, 김인수 부부가 뿌린 씨앗이 열매를 맺어 그 사역을 계승하는 기관들은 아직도 남아 있다. 아하가족성장연구소가 그러한 기관 중 하나다. 그리고 그 기관이 바로 김인수, 김수지 부부에게 받은 사랑과 은혜 때문에 그를 생각할 때마다 눈물이 나오는 필자가 섬기고 있는 기관이기도 하다.

6

말씀으로 교회를 섬기다

"그저 일주일에 한두 번 교회에 와서 예배드리고 돌아가는 생활을 20년, 30년 한 후에 안수집사가 되고 장로가 되어 보십시오. 이 사람들이 교회를 힘들게 만들 것입니다. 경건의 모양은 있어도 경건의 능력은 없기 때문입니다. 교회 안에 좋은 영향력을 끼치는 성도가 되기 원한다면, 먼저 내 영혼이 말씀 안에서 자라도록 해주어야 합니다."(『부끄러울 것 없는 일꾼으로』, 51-52쪽)

김인수는 기독교의 가장 핵심가치가 말씀에 있다고 확신했다. 그가 섬긴 하나님은 말씀하시는 살아계신 하나님이셨고, 그가 몸담은 교회는 말씀에 의해 다스려지는 그리스도의 몸이었으며, 그가 살아내었던 가정과 직장은 그 말씀을 실천하는 적용의 장이었다. 그저 주일에 한 번 듣고 지나가는 말씀이 아니라 김인수는 메말라 버린 영혼을 다시 살리는 말씀의 능력을 맛본 사람이었다. 그 맛을 안 사람으로서는 나누어주지 않고는 견딜 수 없었다. 뿐만 아니라 그는 경건의 모양은 있으나 경건의 능력을 상실해가는 한국 교회의 모습을 안타까워했다. 그렇기 때문에 할 수만 있으면 말씀을 전하고 가르치려 했다. 아무리 교회에 문제가 많다 해도 교회 안에 머물러 있으면서 말씀을 읽고 연구하며 서로 격려하는 가운데 교제하라고 권했다. 김인수는 그렇게 세상과 가정뿐만 아니라 무엇보다 그리스도의 교회를 사랑하며 말씀으로 섬겼다.

성경 교사, 전도자 김인수

김인수의 가르치는 은사가 탁월했음을 증언하는 이들이 많다. 한국 OMF 대표를 역임한 손창남은 1990년 7월에 있었던 선교사 파송식에서 전한 김인수의 설교가 "전임 사역자 이상으로 분명하고 힘이 있었다."고 했다. 또한 2000년 초에 인도네시아에서 일반 학생들을 대상으로 한 결혼생활과 직장생활에 대한 강의에 6백 명에 이르는 학생들이 참여해 많은 감동을 받았다고도 했다.

대구경북과학기술원(DGIST) 교수인 장평훈의 경우, 김인수와 같은 교회를 다니면서 같은 구역에서 김인수의 성경공부에 참여했다.

그는 "목회자가 아닌데 이렇게 가르칠 수 있다는 게 첫 충격이었고, 평신도가 이렇게 살 수 있다는 것이 그 다음 충격이었다."고 했다. 후에 미국 보스턴으로 유학을 떠나 그룹 성경공부를 시작하게 됐을 때, 김인수는 거의 매년 그 모임에 방문해서 성경공부를 인도하거나 부부생활, 자녀 양육 세미나 등의 배움의 기회를 제공했다고 한다. 김인수는 성경 교사로서뿐만 아니라 교사를 세우는 사람의 역할도 했던 것이다. 그렇게 본다면 김인수는 성경 교사를 넘어서 오늘날 말하는 코치의 역할을 훌륭히 감당한 사람이었다고도 말할 수 있다. 하나님의 부르심을 받은 자리에서 제대로 섬기기 위한 여러 가지 일들 가운데 후계자를 준비해야 함을 역설했던 김인수는 사람을 키운다는 것은 자기가 억지로 커지게 만드는 게 아니라 그 사람이 클 수 있도록 도와주는 것이라고 했다. 이것이야말로 멘토이자 코치의 역할이 아니겠는가! 그래서 이동원은 한국 교회에서 무교회주의자였던 김교신 선생이 제도권 밖에서 가장 탁월한 성경 교사였다면, 김인수 장로는 제도권 안에서 가장 탁월한 성경 교사였다고 했고, 김인수를 아는 많은 이들이 김인수를 자신의 멘토요 모델이자 길잡이라고 불렀다.

그렇지만 김인수가 가르치는 은사가 있다고 해서 그것이 자신의 노력을 대체하거나 가르칠 수 있는 능력이 전혀 없는데 홀연히 은사가 주어진 것은 결코 아니다. 김인수는 부지런히 말씀을 읽고 연구한 사람이었다. 그 자신이 고백하듯, 어느 날 갑자기 성경을 다 알게 되는 기적을 체험한 사람은 없기 때문이다. 김인수는 자신이 성경을 깨닫게 된 과정을 여섯 단계로 나누어서 설명한 적이 있다. 첫 번째 단계는 성경을 자꾸 반복해서 읽는 단계였다. 두 번째 단계는 짧은 시간에 집중적으로 읽어서 지식을 축적한 단계였고, 세 번째 단계는 정리가 잘 돼 있는 신앙 서적의 도움을 받는 단계였다. 네 번째 단계는 다른 사람들에게 자신이 깨달은 말씀을 가르치는 단계였고, 다섯 번째는 가급적 하나님이 직접 말씀의 뜻을 이해시켜 주시길 구하는 단계였다. 마지막 여섯 번째는 성경 말씀 읽는 것을 자신의 삶의 최우선 순위에 놓는 단계였다.

김인수가 설명한 단계를 김인수 자신의 생애에 비추어 본다면, 김인수는 유학 도중에 이미 성경을 충분히 연구하고, 가르치며, 자신의 삶의 최우선 순위에 놓는 단계를 모두 거친 것으로 보인다. 그렇기 때문에 그가 유학생활 중에 이미 성경공부를 인도하고, 그러한 공부 모임의 열매를 초기부터 맛볼 수 있었다고 생각해볼 수 있다.

여기서 김인수가 말씀으로 교회를 섬긴 사역 가운데 성경 교사로서의 역할과는 구분되는 다른 부분을 반드시 살펴봐야 한다. 그것은 바로 전도자로서의 사역이다. 어떤 이는 이것을 평신도 설교자로서의 사역으로 보기도 하는데, 코스타에서 20여 년을 함께 해온 목사 이동원이 표현한 것처럼 전도자로서의 사역으로 보는 것이 더 좋지 않을까?

이동원은 김인수를 기리는 글에서, 김인수가 사석에서 자신에게

전도의 감격보다 더 큰 감격이 어디 있겠느냐고 말한 적이 있다고 했다. 김인수는 설교자의 가장 중요한 조건이 제도권의 자격이 아니라 은사라고 주장했고, 그런 점에서 분명 김인수에게는 설교자로서의 은사가 있었다. 특히 그는 전도 설교에 뛰어났다.

이동원은 "한국 교회 목회자들의 설교 가운데 가장 약한 설교가 전도 설교인데, 그런 전도 설교를 평신도인 김인수 장로님이 탁월하게 하셨지요. 정말 탁월했어요."라고 말한 적이 있다. 이러한 탁월함은 이동원의 설명처럼, 김인수가 신앙을 처음 갖게 된 계기가 성경 연구에서 비롯되었고, 그가 평생 성경을 연구하고 영혼의 변화에 관심을 가졌기 때문에 그 결과로 체득된 너무도 자연스러운 귀결이라고 볼 수 있을 것이다. 더욱이 김인수는 설교의 내용에 있어서뿐만 아니라 구원 초청에 이르기까지 그 진행에 있어서도 뛰어났다. 그래서 김인수와 오래도록 교제한 이동원은 전도자로 평해주는 걸 김인수 자신이 가장 기뻐할 거라고 말하기도 했다.

물론 김인수가 전한 설교의 주제가 전도에 국한되었던 것은 아니다. 도리어 그는 회심과 영적 성장, 부부나 젊은이들을 대상으로 한 설교, 선교와 관련된 설교 등 주제나 대상을 가리지 않고 청중으로 하여금 하나님의 말씀을 깨달아 더욱 사모하게 만드는 많은 설교를 했다. 이런 점에서 볼 때, 평신도 설교자를 세우자는 김인수의 주장에 대한 동의 여부와 상관없이 김인수가 가지고 있었던 은사를 인정하는 데 인색해서는 안 될 것이다. 김인수가 평신도 설교자의 필요성에 대해 역설하게 된 다음과 같은 문제 의식에는 누구나 동의할 것이기 때문이다.

"만일 지금과 같이 누구나 어렵지 않게 신학교에 들어갈 수 있고, 누구나 어렵지 않게 목사가 되어 강단을 독점할 수 있는 제도가 계속될 경우, 함량 미달의 설교자는 계속 양산될 것이며, 따라서 한국 교회는 영적으로 더 황폐해질 것입니다.

오늘날 한국 교회가 경건의 모습은 대단하지만 경건의 능력이 약한 데는 바로 강단을 독점하고 있는 함량 미달 목회자들의 책임이 크다고 생각합니다. 리더십 문제를 공부하는 저로서는 이 분야를 공부하면 할수록 지도자의 중요성을 강조하고 강조할 수밖에 없음을 느낍니다. 오늘날 한국 교회의 문제는 리더십 부재에 그 원인이 있다고 해도 과언이 아닙니다."(『부끄러울 것이 없는 일꾼으로』, 241쪽)

교회의 장로 김인수

김인수가 평신도도 설교할 수 있다는 것을 강조하고, 성경 교사와 가정사역자로서 전 세계를 누비며 활동한 걸 두고 지역교회에 뿌리를 두지 않았다고 비판하는 사람이 있을지도 모른다. 김인수가 생전에 섬기던 교회의 담임목사 홍정길은 실제로 어떤 이들로부터 "김인수가 장로로 있는 교회의 목회자는 참 힘들겠다."고 말하거나,

혹은 "김인수처럼 교회 중심적인 사고가 없는 사람과 어떻게 함께 신앙생활을 하느냐?"는 이야기를 듣기도 했다고 한다.

하지만 정작 김인수가 장로로 섬겼던 교회의 목사인 홍정길은 김인수야말로 남서울은혜교회의 참된 교인이자, 충성된 일꾼이었다고 회고한다. 그와 거의 30여 년을 함께 했지만 약간의 의견 차이만 있었을 뿐 목사의 마음을 상하게 한 적은 없었으며, 일단 뜻이 정해지면 교회 편에서 전폭적인 지지와 신뢰를 보내주었고, 전적으로 헌신했다고 한다. 나누고 섬기는 걸 좋아했던 김인수 부부의 손길은 목사인 홍정길이 미처 깨닫지 못한 곳에까지 이미 닿아 있었다고도 했다.

그러니까 대외적인 활동이 지역교회를 섬기는 것에 걸림돌이 된 것이 아니라 도리어 교회사역의 지경을 넓히는 효과를 가져왔다는 것이다. 그리고 보면 김인수가 부부 세미나를 시작하거나 성경공부를 시작한 것은 교회에서부터였다. 그러다가 규모가 커지고 모이는 성격이 달라지면서 집에서 모이거나 외부의 집회나 특강을 나가게 된 것이다. 이러한 사역이 오히려 남서울은혜교회를 깨우고 더 풍성하게 했음은 두말할 필요도 없는 것이다.

우리가 생각할 때, 선교사역을 지원하는 일이나 여러 대외적인 활동이 교회사역과 별개로 김인수에게 주어진 것처럼 생각하기 쉬운데, 그것은 사실과 거리가 멀다. 왜냐하면 남서울은혜교회의 발자취가 김인수의 대외사역과 밀접한 관련이 있기 때문이다. 남북나

눔운동, 밀알학교 등을 통한 장애인사역, 해외 선교와 관련된 여러 일들 모두가 그러했다. 그런 점에서 장로 김인수와 기독교 사회 운동가 김인수는 동전의 양면과 같다고 할 수 있고, 개교회를 넘어서 그리스도의 교회 전체에 대한 김인수의 관심과 사랑으로 이어져 있다고 할 수 있다.

기독교 사회운동가 김인수

"그리스도인이 전체 인구의 4분지 1 정도 된다는 이 사회가 왜 이렇게 썩어갔습니까? 4사람 중 한 사람이 사회의 구석구석에서, 중요한 의사결정의 코너에서 정직하게 자리를 지키고 있다면 이 사회가 이렇게 부패해질 수 없습니다. 당연히 정직해야 할 그리스도인이 정직하지 못했기 때문에 투명성이 결여된 사회가 되었습니다. 제가 관계하고 있는 기독교윤리실천운동의 표어(Catch phrase) 중 하나가 '정직한 그리스도인'입니다. 말도 안 되는 말입니다. 그리스도인이면 당연히 정직해야 하는데 정직한 그리스도인이 되자는 구호를 외치고 있으니 한심하기 짝이 없습니다. 그러나 이것이 우리나라의 비극적 현실입니다."(『부끄러울 것이 없는 일꾼으로』, 214쪽)

김인수는 1987년부터 2002년까지 기독교윤리실천운동본부(이하 기윤실) 공동대표 및 이사장을 지냈다. 그가 이토록 오랫동안 기윤실 활동을 한 것은 위에 인용한 것처럼, 윤리 없는 기독교라는 이상한 형태의 가짜 기독교가 이 사회에 판치고 있었기 때문이다. 이러한 김인수의 대사회적 관심은 이후 기본과 원칙을 지키려는 사람들의 태평로 모임 공동대표를 맡으면서 더욱더 구체화되었다. 더 나아가 우리 사회 부조리의 대부분이 기업 경영에서 시작돼 구조적인 문제를 양산하기 때문에 기독교적인 기업 경영 윤리를 정립하고자 경영학과 교수들이 함께 모여 연구함으로써 양심적인 모범 기업들의 사례를 발굴하고 격려해주려고 애쓰기도 했다.

경영학자로 교회의 장로이며 기독교계의 지도자인 김인수는 기독교적 리더십에 대해 계속해서 고민했고, 기독교적 지도자의 필요성을 역설했다. 김인수는 1995년에 기윤실 소식지에 '기독교 지도자가 필요합니다.'라는 제목의 글을 기고했다. 그는 지도자의 역할로, 바람직한 목표를 설정하는 것과 그 비전과 목표 달성을 위한 구성원들의 활동에 영향을 끼치고 그 과정을 관리하는 것 두 가지를 꼽았다. 기독교 지도자란 이러한 두 가지 역할을 하나님의 뜻을 따라 행하는 책임 있는 자를 가리킨다고 보았다.

그래서 그는 전 국민의 20퍼센트나 되는 그리스도인이 각자 자기가 속한 일터와 가정에서 자신에게 주어진 지도자로서의 두 가지 역할을 하나님의 말씀을 따라 잘 수행해야 한다고 강조했다. 또한 이 과정에서 정직과 성실과 적극성을 바탕으로 바람직한 지도력을 발휘한다면 부패와 부조리에 물든 이 사회의 윤리적 문제를 해결할 수 있을 것이라고 썼다.

이러한 기독교적 리더십의 회복과 기독교적 실천에 따른 사회의 윤리적 문제 해결이야말로 김인수를 기윤실 활동에 적극적이게 만들었던 주요 동인임이 틀림없다.

그런데 여기서 한 가지 의문을 가질 수 있다. 김인수의 윤리관이 개인의 책임을 지나치게 강조하는 입장이 아니냐는 질문이 바로 그것이다. 이러한 질문에 대해서는 기윤실이 먼저 자신들의 입장을 개인 대 구조로 보지 않으며, 구조의 문제를 풀어가는 것은 개인에서부터 시작되어야 한다는 입장을 천명한 데서 김인수의 입장을 간접적으로 확인할 수 있다. 그러나 이와 동시에 김인수 자신이 개인의 문제뿐만 아니라 구조적 문제도 소홀히 여기지 않음을 보여주는 언급들이 있다. 구약 성경과 신약 성경에 나타난 이웃 사랑의 명령에 대해 풀이하면서 강의한 내용이 그것이다. 특히 구약 성경에 나와 있는 이웃 사랑의 명령은 훨씬 더 실제적이고 구체적이다. 그는 하나님이 우리를 구원하신 이유가 죽은 후 천당에 가고, 이 땅에서는 혼자 잘 살라는 데 있는 것이 아니라 그분이 주신 이웃, 형제에게 하나님의 사랑을 베푸는 데 있다는 걸 강조하면서 구약의 가르침을 특히 강조했다.

또한 그는 아모스 선지자의 말을 인용하면서, 사회 정의와 선한 삶을 실천하지 않으면 종교적 생활이 아무 소용이 없다고 했다. 그러면서 입양아 수출이라는 부끄러운 현실을 지적하면서, 기독교 봉

사회가 비록 자신과 같은 복음주의자들에게는 소위 자유주의자로 불리지만 그들처럼 행함이 없었음을 질타하기도 했다. 그러면서 물었다. 한국 교회의 사랑은 어디 있냐고.

김인수는 나눔의 필요성을 역설하면서 우리 주위에는 구조적 모순 때문에 가난에서 벗어나지 못하고 고생하는 사람들도 있고, 심신의 장애 때문에 제대로 노력할 수 없는 사회적 약자들도 많음을 지적하면서 그리스도인의 나누는 삶을 강조했다.

기윤실에서 스포츠 신문의 선정성을 지적하며 문제 삼았던 적이 있었다. 그 운동의 대의를 지지하면서 김인수는 우리가 소비자 운동도 해야 하고, 공명선거 운동도 해야 하며, 환경 보호 운동, 교회와 신학교의 부패를 방지하기 위해 감시도 해야 한다고 했다.

그러나 이 모든 관심과 열심 가운데서도 김인수가 늘 경계를 기울여야 한다고 강조했던 점이 있다. 그는 바로 이러한 운동이 하나님을 붙잡는 게 아니라 사람의 열심으로만 행하는 운동으로 변질될 수 있다는 점을 경계해야 한다며 주의를 촉구했다. 이 점이야말로 참으로 기독교 사회 운동뿐만 아니라 그리스도인 모두가 깊이 새겨야 할 김인수의 말이다.

"그런데 한 가지 조심할 것이 있습니다. 할 일이 많다고 해서 '하나님을 위해서 열심히 뛰어다니는 사람'(Man for God)이 되어서는 안 됩니다. '하나님께 붙들린 사람'(Man of God)이 되어야 합니다. 가지가 나무에 붙어 있으면 열매는 저절로 맺힙니다. 우린 자칫 정신없이 뛰어다닐 수도 있습니다. '여호와는 말(馬)의 힘을 즐거워 아니하시며 사람의 다리도 기뻐 아니하시고'(시 147:10). 하나님께서는 우리의 도움을 필요로 하지 않습니다. 하나님을 위해 정신없이 뛰어다니지 마십시오."(『부끄러울 것이 없는 일꾼으로』, 134쪽)

김인수가 기독교 사회 운동에 이렇게 열심이었지만 그를 대신할 수 있는 이들이 생겨나자 그는 기윤실의 동료들에게 좀 더 젊은 사람들이 나설 수 있도록 자리를 내어주자고 제안했다. 김인수와 기윤실의 관계에 대해 묻는 내게 손봉호는 그 당시 상황에 대해 이런 말을 전해주었다.

"1990년 네덜란드에서 안식년을 보내고 있었다. 마침 김인수 장로가 유엔대학교 이사회에 참석하기 위하여 네덜란드에서 오게 되었고 우리 집에 잠깐 들렀다. 그때 우리는 기윤실 공동대표로 섬기고 있었기 때문에 자연히 기윤실에 대해서 의논하게 되었다. 그날 김 장로는 '우리가 계속해서 공동대표를 맡고 있으면 젊은 사람들이 소극적이 됩니다. 우리가 물러납시다' 하고 제안했다. 나는 얼른 동의했고, 귀국하자마자 우리 둘이 같이 물러났다. 기윤실 간사들과 임원들은 모두 반대했지만 우리는 뜻을 굽히지 않았다. 운동을 시작한 사람들이 계속 책임자로 남아 있으면 다음 세대가 적극적이 되기 어렵기 때문이었다. 1980년대에 시작한 시민운동 단체들 가운데 시작한 사람들이 책임지는 위치에서 물러난 것은 기윤실이 처음이었다. 다음 세대가 맡아 오늘날까지 기윤실 운동을 잘 이끌어가게 된 이유 가운데 하나는 우리들이 비교적 빨리 물러난 것이 아닌가 한다."

손봉호는 기윤실 운동취지문과 행동지침을 만들면서 김인수와 있었던 다음과 같은 일화 하나를 덧붙여 전해주기도 했다.

"1987년 기독교윤리실천운동을 준비하면서 나는 그 운동의 취지문과 행동지침 초안을 만드는 작업을 위임받았다. 여러분들의 자문을 구하면서 김인수 장로에게도 그 초안을 보여드렸다. 그 행동지침 가운데는 '가능한 한 국산품을 애용하고'란 구절이 있었는데, 김 장로는 당장 '지금 어떤 세상인데 국산품 애용입니까? 우리는 외국에 상품을 수출하면서 외국 물건은 쓰지 않는다는 것은 말이 안 됩니다' 하고 냉정하게 비판했다. 맞는 말이었다. 그래서 나는 즉시 '가능하면 후진국의 생산품을 애용하고'라고 고쳤다. 그는 나보다 훨씬 멀리 내다보고 나라들 간의 공정성을 존중해야 한다는 것을 알고 있었다. 그 덕으로 기윤실의 행동지침은 훨씬 폭이 넓어지고 회원들의 안목도 범세계적으로 키울 수 있게 되었다. 만약 내가 만든

초안대로 두었더라면 공정무역 운동을 하는 요즘 젊은 세대에게 기윤실이 얼마나 옹졸하게 보였겠는가."

3

제3부

김인수의 삶과 신앙이 주는 교훈

회심과 영적 성장에서 말씀의 중요성

김인수가 기독교 신앙을 갖게 된 과정은 어떤 면에서는 독특하고, 또 다른 면에서는 지극히 모범적이라 할 수 있다. 그가 인생의 위기 가운데에 하나님을 찾은 것도 아니었고, 누군가에게 복음을 듣고서 예수를 믿게 된 것도 아니었다. 혼자 성경을 읽다가 그 말씀의 약속이 사실임을 믿고 받아들여 하나님의 자녀가 된 것이다.

이것이 중요한 의미를 지니는 이유는, 문제 해결 중심의 신앙이 번영의 복음으로 쉽게 변질돼 우상숭배적인 모습을 종종 보게 되는 오늘날의 교회에 진정한 해결책이 어디에 있는지 보여주기 때문이다. 오늘날 교회가 약해진 것은 하나님의 말씀에서 떠나 엉뚱한 곳에서 답을 찾고 있기 때문이다. 하나님의 약속을 믿고 하나님의 자녀가 되는 것은 하나님의 말씀으로부터 비롯된다. 우리는 김인수의 회심과 영적 성장 과정을 통해서 성령께서 하나님의 말씀을 사용하여 인간의 영혼을 새롭게 하시고 그 영혼 안에서 계속해서 하시는 일이 무엇인지 보게 된다.

김인수의 삶에 있어서 하나님의 말씀은 단지 회심을 위한 도구가 아니었다. 하나님의 말씀은 그의 전 삶을 지속적으로 변화시키는 힘이었다. 그래서 김인수는 성경을 끊임없이 읽고 연구했을 뿐아니라 암기했다. 어떤 프로그램이 있어서 그렇게 한 것이 아니라 그의 마음 가운데 하나님의 말씀이 진정으로 능력이 있다는 확신이 있어서 그랬다. 그리고 그 말씀에 자신을 쳐서 복종시키는 삶을 살았다. 한 사람의 회심과 영적 성장에 있어서 하나님의 말씀이 얼마나 중요한지 강조하면서 그는 이렇게 말했다.

"내가 성경에서 발견한 기독교는 주일학교와 고등부를 합친 7년 동안 배우고 경험했던 기독교와는 전혀 다른 것이었다. 그렇다면 교회가 잘못 가르쳤거나 내가 잘못 배운 것이다. 지금도 기독교와 교회에 대해 비판하는 사람을 만나면 나는 '성경을 읽으라'고 권한다. 성경을 깊이 읽지 않고는 신앙생활을 제대로 할 수 없다고 생각한다. 일주일에 한두 번 교회에 나가서 듣는 설교에 의지해서는 안 된다. 신앙이 자라지 않는다. 한쪽 귀로 들은 것은 다른 귀로 흘러 나

가 버린다.

하나님께서는 야고보서 1장 22-25절에서 '듣고 돌아서는 자는 잊어버리는 자요, 말씀을 들여다보는 자가 참으로 행하는 사람'이라고 분명히 말씀하셨다. 어떤 분이 내게 '콩나물은 위에서 물을 주면 밑으로 다 흘러내리지만 그래도 자라지 않느냐'고 반론했다. 그러나 신앙은 그런 식으로 물을 주면 조금 자란 후 곧 썩어버린다. 말씀을 듣기만 하며 신앙생활을 하면 20년 이상 교회를 다니고도 경건의 능력이 없는 성도가 되어 교회를 어렵게 만드는 경우를 종종 보게 된다."

김인수의 삶에서 예수 그리스도를 믿는다는 것은 단지 예수라는 인물에 대한 정보를 받아들이는 차원에 그치는 게 아니라 예수 그리스도를 통해 말씀하시고, 성령과 능력으로 지금 역사하시는 하나님을 주님으로 인정하며 순종하는 삶을 의미했다. 아는 것과 믿는 것, 믿는 것과 행하는 것은 결코 분리될 수 없는 것이었다. 그러므로 회심은 반드시 회심의 열매로 알 수 있어야 했다. 그의 회심은 하나님의 약속의 말씀에서 비롯된 기적이었다. 그렇기에 주관적인 것이 아닌, 누구에게나 증거할 수 있는 것이었다.

"30년이 지난 지금도 기적을 보고 하나님을 믿지 않고 말씀의 약속을 받아들여서 믿게 된 것을 감사한다. 왜냐하면 믿음에 이상이 생길 때마다 나는 내게 확신을 주었던 성경 말씀으로 돌아가서 그 구절을 읽음으로써 그때의 감격을 다시 재생시킬 수 있고 그 약속에 대한 믿음을 다시 확신할 수 있기 때문이다. 만약 내가 기적을 보고 믿게 되었다면 그 기적은 다시 재생시킬 수 없다. 뿐만 아니라 만일 사탄이 '그 기적은 사실이 아니라 환상이었다'고 속삭인다면 방어할 능력도 없다."

건전한 신학의 필요성

김인수가 성경을 깊이 연구한 것은 주지의 사실이다. 그의 성경 연구는 평생 지속됐고, 또 심화됐다. 그가 성경을 얼마나 열심히 연구하고 사랑했던지, 목사가 되려고 신학교에 세번이나 지원할 기회가 있었으나 목사로서의 사명과 자신의 사명이 다르다는 것을 분명히 깨닫고 신학교 입학을 포기했다고 했다. 그 뒤에는 목사로서 일하는 데 마음을 두지 않고 오히려 평신도 리더로서 성경적인 삶을 통해 복음을 전해야겠다고 결심했다. 이에 김인수는 미국에서뿐만 아니라 한국에 돌아와서도 성경과 신학을 가르쳐줄 수 있는 좋은 선생을 찾아다니며 배웠다.

김인수가 미국에서 귀국한 해는 1978년 6월이었다. 이때 장로회 교단의 분열이 가열되면서 1979년에는 대한예수교장로회(합동)에서 개혁측이 갈라져 나왔고, 1980년에는 합신측이 합동 교단에서 나왔다. 그때 총신 교수 중 가장 마지막으로 합동신학교 교수진에 가세한 이가 바로 박윤선 박사였다. 그래서 김인수가 다니던 남서울 교회가 합동신학교의 임시 교사로 사용되면서, 김인수는 박윤선 박사를 통해 건전한 개혁신학을 체득할 수 있었다. 한국을 너무도 잘 아는 브루스 헌트(한국명 한부선)나 하비 칸(한국명 간하배) 선교사가 한국의 개혁파 신학자로 손꼽았던 이가 박윤선 박사였다. 박윤선 박사는 누구보다 경건한 목사이자 참으로 성실한 학자였다.

또한 경영학자로서 국내뿐 아니라 해외에서 더욱 인정 받는 학자였던 김인수의 서재에는 경영학 관련 서적보다 신학 서적이 더 많았다. 이 점은 김인수가 얼마나 하나님의 말씀을 체계적으로 연구하고 깊이 있게 공부했는지 보여주는 단적인 예다. 그렇기에 김인수 부부가 국내 개신교 최초의 가정사역자라 불리면서도 교회 안에서, 말씀으로 깊은 영향력을 끼칠 수 있었던 것이다. 그 점에서 볼때, 전문 분야의 사역자들에게 김인수의 신앙은 큰 도전을 준다. 자신의 삶이 먼저 성경에 흠뻑 젖어 있어야 하고, 그 성경의 내용이자신의 전문사역으로 구현되어야 한다는 점 말이다. 오늘날 가정사역이나 상담사역, 찬양사역 등 전문사역이 그토록 다양해졌음에도 불구하고 그 영향력에 한계가 있는 것은 바로 그 말씀의 뿌리가약한 때문은 아닐까?

자질과 은사의 사용

김인수는 신앙생활 초기부터 하나님께서 자신에게 믿음을 주시고, 그의 재능을 살릴 수 있도록 이끄신 것은 하나님의 사랑으로 이웃을 섬기기 위함이라는 것을 일찍이 깨달았다. 또한 김인수의 어릴 적 모습을 보면 그가 총명하고 성실하며 공부에 재능이 있었음을 알 수 있다. 하나님은 김인수의 이런 자질들을 매우 중요하게 사용하셨다. 그의 모든 삶의 시간 속에서 재능과 인격이 하나님의 인도하심 아래에서 교회를 섬기고, 이웃을 섬기기 위한 은사로 변화되었다. 결국 그의 섬김과 나눔은 자연인 김인수가 그리스도인 김인수로 거듭난 생명의 열매들이다.

"이렇게 시작한 내 신앙생활은 향락을 추구하며 무엇이나 거머쥐려고 하던 이기적인 내 삶을 하나님이 기뻐하시는 돕고 나눠주는 삶으로 바꿔놓았다. 군대 3년 동안의 생활에서 하나님께서는 가난하여 학교에 가지 못한 청소년들을 모아 야학 사역을 하도록 인도하셨다. 그 과정을 통하여 많은 청소년들이 교육 받을 기회를 갖게 되었을 뿐만 아니라 하나님의 말씀을 접할 수 있는 귀한 기회를 갖게 하셨다. 그리고 하나님을 의지하고 사는 삶의 기쁨을 경험하게 하셨다."

그러나 김인수가 애초에 그런 총명함이나 성실함같은 자질들을 가지지 못했다면 어떠했을까? 신앙을 성령 체험이라는 기적 체험을 중심으로 생각하는 이들의 경우 흔히들 '성령이 임하면 모든 게 가능하다'는 식으로 생각하는 경향이 있다. 그러나 성령께서는 말씀을 통해 조명하시고 성도에게 인격적으로 일하신다. 인간을 도구로 다루지 않으신다. 따라서 참된 신앙을 갖게 된 사람의 모습이 그 이전과 판이하게 달라진다 해도, 근본적으로는 연속성을 지닌다. 다시 말해, 전혀 없던 어떤 능력이 갑자기 생기는 형태가 아니라 그가 가지고 있던 것들이 새롭게 조명되고 이전과는 다른 방식으로 사용되게끔 이끄신다는 말이다. 그러므로 신앙은 도박이 아니다. 꾸준히 자신의 영혼을 말씀에 비추어 갈고 닦는 정직하고 상식적인 과정이다. 영적 성장의 이런 측면이 김인수의 삶에서 고스란히 드러난다. 자질과 은사가 허락되었다 하더라도 그것을 주신 목적에 합당하게 연마하고 사용할 때 비로소 의미가 있다는 사실을 김인수와 김수지 두 부부의 삶을 통해 배울 수 있다.

자질과 은사의 사용은 왜 우리가 하루라도 젊었을 때 창조주를 기억하고 그에게로 돌아가야 하는지 알려준다. 하나님의 부르심은 은사를 통해 남을 섬김으로써 하나님을 섬기게 하신 것이다. 때문에 조금이라도 이른 시기에 그 부르심을 확인하고 하나님의 인도하심을 받는다면 하나님의 손에 쓰임 받을 기회가 많아진다는 것을 뜻한다. 그래서 김인수는 청년들을 위한 특강에서 이렇게 말했다.

"어떤 사람들은 '예수 일찍 믿을 것 없다. 세상 재미를 마음껏 즐기다가 노인이 되어서 믿어도 천국 가는 것은 마찬가지'라고 느긋하게 생각하는 경향이 있다. 그렇지만 세상 풍조에 휩쓸려 인간의 정욕에 찌들고 초점 없이 살다가 노인이 되어서는 지적인 분별력이 쇠퇴함으로써 믿는 것이 무엇인지, 믿는 생활의 기쁨이 무엇인지 알지 못하게 된다. 나는 머리가 명석한 젊은 시절에 여호와 하나님을 깨닫고 그의 말씀으로 무장하게 되면 평생 동안 하나님의 인도하심을 구체적으로 경험하며 기쁨으로 살 수 있다고 젊은이들에게 꼭 말해주고 싶다."

　탁월함! 이것은 김인수의 신앙에서 결코 빼놓을 수 없는, 모든 그리스도인들이 주목해야 할 부분이다. 그가 강조하는 탁월성은 그저 해당 분야의 최고가 되어야만 하나님께서 영광을 받으신다는 소위 고지론을 의미하는 것이 아니었다. 그 자신이 살아온 삶 자체가 엘리트주의와는 거리가 멀다. 비록 그가 귀국해서 소위 사회지도층 인사로서 살아갔다는 사실을 인정하더라도, 김인수가 말하는 탁월성은 하나님께서 주신 은사와 재능, 그리고 허락하신 시간을 낭비하지 말고 세월을 아껴 책임을 다하라는 의미이며 한 마음으로 주를 섬기라는 강한 권면이다. 그러므로 김인수에게 있어서 탁월성은 곧 성실성과 직결된다. 하나님의 말씀에 대한 믿음과 헌신, 즉 그 말씀을 따라 세상 속에서 성실하게 살아가라는 외침이다. 곧 말씀에 대한 순종인 것이다.

통전적 신앙

김인수의 신앙과 삶을 보면 또 한 가지 두드러진 특징이 드러난다. 그것은 바로 신앙의 통전성이다. 김인수는 교회 안에서의 삶과 교회 밖에서의 삶 모두 하나님의 다스림 아래 있는 일관된 삶을 살았다. 그의 삶 모든 영역에서 하나님이 주인이 되셨다. 그에게 그리스도인으로서의 삶은 경영학자나 공직자로서의 삶과 충돌되는 게 아니었다. 도리어 그리스도인으로서의 삶이 빛이 되어 정직하고 탁월하게 세상을 향해 비추어졌다.

김인수의 아들 김인은 자신의 부친 김인수가 생전에 대학 강단에서 가르치면서 "학교가 내게 교수로서 월급을 주는 것이지 신앙 이야기를 하라고 월급 주는 게 아니다."라고 그에게 말했다고 한다. 김인수는 다음과 같은 성경 말씀을 기억하며 맡겨진 일에 최선을 다해 섬겼다.

"무릇 멍에 아래 있는 종들은 자기 상전들을 범사에 마땅히 공경할 자로 알찌니 이는 하나님의 이름과 교훈으로 훼방을 받지 않게 하려 함이라"(딤전 6:1)

"종들아 모든 일에 육신의 상전들에게 순종하되 사람을 기쁘게 하는 자와 같이 눈가림만 하지 말고 오직 주를 두려워하여 성실한 마음으로 하라"(골 3:22)

오늘날 많은 이들이 그리스도의 복음을 말로 전하는 데는 열심이면서 직장에서 도리어 자신에게 맡겨진 책임을 다하지 못해 빛으로 살지 못하는 경우들을 종종 보게 된다. 이런 점에서 김인수에게 있어서 구원은 결코 인간 내면의 심리에 자리하는 기복적 신앙이 될 수 없었다. 또한 온통 내세에 대한 생각에 사로잡혀 이 세상에서 사는 일을 등한시하는 신앙이 될 수도 없었다.

김인수는 자신의 유익을 구하는 대신에 먼저 자신이 받은 것을 흘려보냄으로써 복의 통로가 되는 역할을 감당했다. 그는 이것이 바로 그리스도인들이 이 세상 속에서 담당해야 할 사명이라는 강한 확신을 갖고 있었다.

이러한 그의 신앙은 모든 관계를 통해 사회적인 데까지 나아갔다. 특히 부부 관계와 가족, 교회를 이루는 지체로서 신실하였으며, 학교나 공직 사회 등 자신이 속했던 여러 모습의 집단 속에서도 신앙적인 일관성과 순결함을 가지고 살았음은 그를 아는 많은 사람들이 한 목소리로 인정하는 바다.

또 다른 **청춘**을 기다리며

2003년 2월 8일 오전 10시, 서울 일원동에 있는 밀알학교 그레이스 홀에 모인 사람들은 강경민 목사의 인도로 발인예배를 드리기 시작했다. 고려대학교 경영대학의 남상구 학장은 추모사에서 김인수를 가리켜 '교수란 어떤 사람인지 보여준 진정한 모델'이라고 했다. 또 외국 유수 대학에서 그를 석좌교수로 초빙하려 했지만, 교회를 사랑하고 섬기는 마음에 모두 사양한 것으로 알고 있다고도 했다. 김인수의 첫 번째 제자였던 카이스트의 김영배 교수는 제자들을 대표해서 김인수를 '따뜻한 화로를 감춘 어른'이라 부르며 준비한 추도사를 읽어갔다.

설교는 김인수가 섬겼던 남서울은혜교회의 홍정길 목사가 맡았다. 설교 본문은 요한복음 12장 24-26절이었다. 홍정길은 설교에서 김인수를 한 알의 밀알 같은 사람이라고 했다. 그래서 김인수로 말미암아 학계와 교회에서 그를 닮은 많은 사람들이 일어날 것이라고 했다.

2003년 1월 5일, 김인수가 넘어져 혼수상태에 빠지게 된 곳은 그가 그토록 자랑스럽게 섬기던 밀알학교의 교회 마당이었고, 그의 장례식이 열린 곳도 밀알학교였다. 그래서 부인 김수지는 이렇게 말했다.

"시간이 지날수록 하나님께서 당신에게 복된 죽음을 맞도록 큰 은혜를 베푸셨다는 점에 감사함이 더해가고 있습니다. 넘어진 곳이 교통이 복잡하거나 위험한 길이 아니고 당신이 그렇게도 자랑스러워하던 밀알학교의 섬기던 교회의 마당이었다는 점, 그리고 넘어진 그 장소가 아닌, 최신 의료시설 및 최고의 의료진이 24시간 상주하는 중환자실에서 여러 가지 치료와 정성 어린 간호, 또 배려 깊은 친지들의 사랑을 받으면서 31일 동안 우리곁에 더 머물도록 허락해 주신 것 등 모든 것이 감사할 뿐입니다."

김인수를 생각할 때마다 생각나는 시가 있다. 서산대사가 지었다고 전해오는 사행시는 김구 선생이 독립운동을 하면서 어려운 결단을 내릴 때마다 깊이 새긴 좌우명으로도 잘 알려져 있다. 김인수는 강의 때 이 시를 자주 인용하곤 했고, 지금은 내가 이 시를 애송한다.

跡雪野中去 (적설야중거) 눈 덮인 광야를 걸어갈 때는
不須胡亂幸 (불수호난행) 이리저리 함부로 걷지 마라
今日我行蹴 (금일아행족) 오늘 내가 남긴 발자국은
遂作後人樫 (수작후인정) 반드시 내 뒷사람의 길이 되리니.

김인수는 신중하고도 올바른 언행으로 하늘을 우러러 부끄럽지 않은 인생을 살려 했다. 인생의 선배로서 자신이 걷는 걸음이 뒷사람도 그 길을 걸을 수 있도록 돕는 걸음이 되길 바랐다. 그런 까닭에 김인수를 아는 지인들이 그를 추모하면서 만든 첫 책의 제목이 바로 『치우치지 않는 걸음으로』였다. 그렇게 치우치지 않고 앞서 걸었던 김인수를 추모해 밀알학교에서는 학교 광장을 인수 광장이라 이름 붙인 다음, 그곳에 김인수의 발자국 새김판을 두었다. 동아일보는 이런 김인수를 애도하며 한국 경영학계의 큰 별이 영면했다고 추모 기사를 내보냈다(2008. 2. 8).

김인수의 발자취가 끼친 영향을 보여주는 좋은 예가 있다. 고려

대학교에 재직할 때, 김인수는 제자들뿐만 아니라 동료·후배 교수들에게도 많은 영향을 주었다. 그 중 한 명이 현재 카이스트 교수로 있는 장세진이다. 김인수 생전에 장세진은 당시 고대에 재직 중이었고, 이후 싱가포르 국립대학(NUS: National University Singapore) 석좌교수로 자리를 옮겼다가 현재는 카이스트와 싱가포르 국립대학 겸직 석좌교수로 있다. 장세진은 몇 년 전 경영학 분야에서 유일하게 국가 석학으로 선정되었으며, 경영전략 분야의 세계적인 학자로 인정받고 있다. 장세진이 현재와 같은 학문적 성과를 낼 수 있도록 멘토 역할을 한 이가 바로 김인수였다.

또한 김인수의 뜻을 기려 2006년에 설립된 인수장학회는 2014년 현재까지 아홉 번에 걸쳐 장학생을 선발했다. 김인수가 생전에 보여주었던 세계적 수준의 학문적 업적과 말씀 안에서의 성경적인 삶을 계승하여 한국사회에 영향력을 끼칠 수 있는 잠재적 차세대 리더들을 발굴·지원하기 위해서였다. 그렇게 선발된 53명의 장학생들과 4개의 기관에게 인수장학금을 지원했다.

김인수가 살아온 삶을 되돌아 볼 때, 그의 삶은 분명 말씀에 붙들린 삶, 말씀이 그를 이끌어 간 삶이었다. 그 자신의 고백처럼 하나님이 두 사람에게 기회를 주신 것은 다른 사람을 섬기게 하기 위해서였다. 심지어 김인수는 생전에 장기·시신 기증에 동의함으로써 자신의 시신조차 의과대학 실습용으로 제공하여 마지막 섬김을 다했다.

그래서 우리는 김인수의 삶을 통해 그를 붙드신 하나님, 그를 이
끄신 하나님을 보게 된다. 우리가 김인수를 통해 그를 붙드신 하나
님을 보게 되는 것, 그것이야말로 김인수가 바라는 바일 것이다.

김인수의 마음을 대신 전해주듯, 김인수의 평생 동반자였던 부인
김수지는 2005년 출간된 김인수 추모집 『영원한 우리의 멘토 김인
수』의 인사말에서 이렇게 말했다.

"예수님을 믿은 이후 하나님과 동행하면서 그 말씀에 순종하며 살
았던 남편의 삶을 통해 하나님께서 가난했던 한 청년을 어떻게 부
르시고 삶의 현장에서 구체적으로 사용하셨는지 엿볼 수 있습니다.
인간 김인수가 아닌, 그의 일상생활 속에 살아 계셔서 역사하신 하
나님의 구체적인 손길과 그분으로 인해 누린 풍성한 삶에 초점이
맞춰지기를 기도합니다."

김인수라는 청춘을 우리에게 보내주신 하나님께서 말씀에 붙들린
또 다른 청춘들을 우리에게 보내주시길, 우리가 하나님의 말씀에
붙들린 또 다른 청춘들이 될 수 있기를 진심으로 간구한다.

이러한 청춘들을 통해 오직 하나님만 영광을 받으시기를!

화려한 장례식

김인수장로님을 보내며_雪庭 지성찬

장로님을 마지막으로 보내는 자리는
우리가 장로님을 보내는 것이 아니라
님이 초대하신 하늘나라의 잔치자리였습니다.

하나님이 친히 주재하시고 준비하신
낙원의 잔치였습니다.
우리에게 하늘나라의 영광을 보여주는
빛나는 자리였습니다.

영생나무의 과일들로 풍성하게 차려진 자리에서
남아 있는 우리에게 오히려 위로를 주셨고
오늘의 우리를 돌아보게 하는 심판의 자리였습니다.

초대를 받은 모든 사람들이
결코 시들지 않는 아름다운 꽃을 님에게 드렸기에
세상의 것으로 꾸미지 않았어도
너무나 화려한 이별의 자리였습니다.

이 하늘나라의 잔치의 주인은 님이셨고
하나님은 님에게 아름다운 영원한 이름과
영광의 면류관을 주셨습니다.

같은 시대 같은 하늘 아래 살았다는 것만으로도
우리에겐 영광이요 자랑입니다.

님은 우리의 가슴속에 영원히 살아계시고
하나님의 영원한 생명책에
그 이름이 기록될 것입니다.

연도로 보는 김인수의 생애

1960
죠이클럽(현 죠이 선교회)
활동 시작하다

1960. 12
군에 입대하다

1966. 5. 14
부인 김수지와 결혼하다

1966(?)–1967
말레이시아 대사관 근무
(행정직 과장)

1967–1971
극동방송(FEBC) 입사
총무과장(1968)
극동방송 부사장(1970–1971) 역임

1968–1971
국제대학교 경영학과(야간)

1945. 8. 15.
조국, 해방되다

1946
일본에서 한국으로 건너오다
김천국민학교 4학년 편입

● 1930~ ● 1940~ ● 1950~ ● 1960~

1938. 1. 14
3남 4녀 중 차남으로
일본에서 출생하다

1950. 6. 25
한국전쟁 발발하다
김천 중학교 졸업

1955–1957
국립 체신고등학교에서 공부하다

1958
한양대 물리학과 입학 후 가정 형편으로 자퇴

1955–1957
국제전신전화국 공무원(9급, 임시기능직) 생활
시작하다

1980–1985
한국과학기술원(KAIST) 경영과학과 교수

1985–2003
고려대학교 경영대학 교수

1987–2002
기독교윤리실천운동본부 공동대표 및 이사장

1990–1992
고려대학교 국제교육원장

1993–1994
미국 컬럼비아 대학교 방문 교수

1996–1998
과학기술정책관리연구소(STEPI) 소장

1999–2000
행정개혁위원회 위원장

1970~   **1980~**   **2000~**

1970. 12
동서문화센터 장학생 합격

1971. 7
미국으로 건너가다

1971–1973
하와이 대학교(M.B.A)

1973–1975
인디애나 대학교(D.B.A), 존 에드워즈 펠로우
(John H. Edwards Fellow)

1975–1978
미국 MIT 정책연구소 선임연구원

1978
귀국

1978–1980
한국개발연구원(KDI) 연구위원

2002–2003
인문사회연구회 이사장

2003. 2. 6
주 안에서 안식하다

말씀을 따라 사는 삶

김인수의 삶과 신앙